엘리야의 은 나팔 I

"1 여호와께서 모세에게 말씀하여 이르시되
2 은 나팔 둘을 만들되 두들겨 만들어서
그것으로 회중을 소집하며 진영을 출발하게 할 것이라"
(민 10:1-2)

엘리야의 은 나팔

엘리야의 신앙은 구원의 신앙이다!!
살아계신 하나님과 멋지게 동거하는 엘리야,
그릿 시내 골짜기에서 하나님과 신바람 나게 동행하는 엘리야,
갈멜산에서 능력의 하나님과 동역하는 엘리야를 경험하라.

김호성 지음

베드로서원

들어가며

출애굽 광야시대에 하나님께서 이스라엘 백성들을 인도하시고 보호하시는 중요한 방법이 있었다. 그것은 불기둥과 구름기둥을 통해서였다. 얼마나 신기하고 놀라운가? 성막 위에 펼쳐진 구름기둥이 움직이면 백성들도 움직였다. 밤에는 불기둥으로 하나님의 임재의 위엄을 드러내실 뿐만 아니라 백성들을 보호하셨다.

그런데 민수기에 놀라운 말씀이 나온다.

민수기 10장 1절로 9절이다.

1 여호와께서 모세에게 말씀하여 이르시되

2 은 나팔 둘을 만들되 두들겨 만들어서 그것으로 회중을 소집하며 진영을 출발하게 할 것이라

3 나팔 두 개를 불 때에는 온 회중이 회막 문 앞에 모여서 네게로 나아올 것이요

4 하나만 불 때에는 이스라엘의 천부장 된 지휘관들이 모여서 네게로 나아올 것이며

5 너희가 그것을 크게 불 때에는 동쪽 진영들이 행진할 것이며

6 두 번째로 크게 불 때에는 남쪽 진영들이 행진할 것이라 떠나려 할 때에는 나팔 소리를 크게 불 것이며
7 또 회중을 모을 때에도 나팔을 불 것이나 소리를 크게 내지 말며
8 그 나팔은 아론의 자손인 제사장들이 불지니 이는 너희 대대에 영원한 율례니라
9 또 너희 땅에서 너희가 자기를 압박하는 대적을 치러 나갈 때에는 나팔을 크게 불지니 그리하면 너희 하나님 여호와가 너희를 기억하고 너희를 너희의 대적에게서 구원하시리라.

이스라엘 백성들을 인도하시고 소집하시고 전쟁에 나가게 하시는데 중요한 수단을 또 하나 준비하게 하셨다. 성막 위에 떠올라 있는 구름기둥이 움직일 때 행진하도록 되어 있는데 또 다른 신호를 만드신 것이다.

이것은 겹치는 기능이라기보다는 더 세미한 인도하심과 보호하심을 위한 수단이다. 민수기 10장 말씀에서와 같이 나팔 두 개를 만들어 필요에 따라 제사장이 불게 하셨다.

두 개를 불 때에는 온 회중이 성막 앞으로 나오는 신호요 하나를 불 때면 이스라엘의 천부장 된 자들을 소집하는 용도였다. 뿐만 아니라 행진을 알리는 신호로도 쓰였고 전쟁에 나아갈 때에도 사용하게 하셨다.

오늘 이 나팔의 역할을 무엇이 하고 있는가? 또 어떤 방법으로 나팔의 역할을 하고 있는가? 바로 하나님의 기록된 말씀이다. 성경이다. 따라서 기록된 말씀에 기여한 모든 성경저자와 등장하는 인물은 하나님의 나팔을 불고 있는 사람들이다.

열왕기상 17장 이하에 등장하는 엘리야의 사역은 위대하다.

참으로 하나님이 주신 귀한 나팔을 적절하게 사용한 사람이며 위대한 나팔수로 하나님께 쓰임 받았다고 할 수 있다.

그래서 책 제목을 '엘리야의 은 나팔'이라 했다.

그렇다면 오늘날 설교자는 누구인가? 마찬가지다. 나팔수들이다. 성경을 기록하고 기록되는데 기여한 사람들이 1차 나팔수들이라면 그들이 불었던 나팔의 내용을 현 상황에 맞게 부는 2차 나팔수들이라 할 수 있다.

그러므로 이런 관점에서 2차 나팔수인 저자는 하나님 앞에 무한한 책임감과 부족함과 감사를 동시에 느낀다.

어설프게 불어대는 나팔소리가 잘못된 신호를 주지는 않을지 하나님 앞에 죄송한 마음이 많다. 그럼에도 불구하고 그 역할을 조금이라도 감당했으면 하는 마음으로 출판의 용기를 냈다.

샬롬 마라나타!

2019년 8월

평택에서 김호성 목사

목 차

영원 설계
(왕상16:29-17:1)

노후 설계가 중요하다. 노후를 어떻게 보낼 것인가를 설계하고 준비하는 것이 인생의 지혜다. 노후를 준비하지 않으면 다른 사람에게 짐이 된다. 인생 설계는 어떤가? 되는대로 사는 사람과 나름 인생을 설계하는 사람과의 차이는 크게 난다. 그렇다면 '영원 설계'는 어떤가? 수많은 사람들이 영원을 무시한다. 100년도 안 되는 이 땅에서의 삶은 나름대로 준비를 하는데, 한도 끝도 없는 영원에 대한 준비나 설계는 전무하다. 만일 예수님을 믿는다는 사람들이 영원 설계를 하지 않고 살아간다면 이것은 통탄할 일이다.

한 시대를 살아가는 사람들에게 관심사가 무엇인가 하는 것은 매우 중요하다. 요즘 우리나라 사람들의 관심사는 무엇인가? 아마도 북핵 문제일 것이다. 또 언제나 마찬가지이겠지만 경제문제도 작지 않다. 특히 북핵 문제는 작은 문제가 아니다.

해결되지 않으면 심각한 문제가 계속 발생하게 될 것이다. 문제가 너무 복잡해서 풀기가 쉽지 않다. 현대판 솔로몬의 지혜가 필요하다. 하나님 앞에 모든 성도들이 기도해야 한다. 북한의 핵문제가 하나님의 능력 아래서 잘 해결될 수 있도록 기도해야 한다. 인간의 힘과 능력으로는 풀기 어려운 고차방정식이다.

아침에 받아 든 신문 펼치는 것이 부담이다. 기쁜 소식보다는 안타까운 소식, 절망적인 소식이 더 많기 때문이다. 잘못하면 세상에 대한 아무 생각이나 관심 없이 되는대로 살아가려는 유혹에 빠질 수 있다.

이런 혼돈 속에서도 우리가 잊지 말고 의도적으로 관심을 가져야 할 분야가 있다. 바로 영원에 대한 관심이다. 하나님을 섬기는 성도라면 명심하고 또 명심해야 한다. 이것은 상황에 따라 관심을 가질 문제가 아니고 성도라면 필히 관심을 가져야 한다.

영원에 대한 설계는 죄와 연결되어 있다. 죄는 하나님이 증오하시는 것이다. 끔찍한 죄도 있고 좀 가벼운 죄도 있다. 비윤리적인 죄도 있고 도덕적인 죄도 있다. 하지만 하나님 앞에는 큰 죄 작은 죄가 문제가 아니라 모든 죄가 문제다. 이 땅에 하나님을 거역하는 죄가 어떻게 꿈틀거리고 있는지를 우리는 보아야 하고 관심을 가져야 한다.

사람들이 죄를 어떻게 생각하고 있고 또 어떤 죄를 짓고 살아가는지에 대하여 관심을 가져야 한다. 사실 우리만 죄에 대하여 관심을 가지는 것이 아니라 모든 사람들이 죄에 대하여 관심을 가져야 한다. 그래야 영원에 대한 소망이 있다. 죄가 어떻게 움직이고 있고 죄가 어떻게 사람들 속에 파고들고 있는지를 보아야 한다. 그 사실을 점검하고 죄에 대하여 대응해야 한다. 죄의 노예가 되지 않도록 관심을 가져야 하고 적극적으로 죄와 싸우는 삶을 살아야 한다.

왜 그런가? 우리의 생사와 영원이 직결되어 있기 때문이다. 하나님의 백성들뿐만 아니라 하나님을 믿지 않는 사람들이 이 죄에 대하여 어떤 관심과 자세를 가지고 살아가느냐 하는 것은 우리의 미래와 생사화복을 결정하는 문제이기 때문이다. 많은 사람들이 다른 영역에는 많은 관심을 가지고 살아가지만 죄에 대해서는 별 관심을 갖지 않는다.

정치, 경제, 역사 등등에 대하여 큰 관심을 가지고 있다. 국제정세에 대하여도 관심이 많다. 그러나 죄 문제에 대해서는 관심이 없다. 특히 하나님께서 관심을 가지시는 의에 대하여는 더 관심이 없다. 그러면 망한다.

아니 다른 사람들 이야기 하지 말고 우리 이야기를 해보자. 오늘 우리의 삶은 어떤가? 하나님의 은혜 가운데 죄와 싸우며 정상적인 삶을 살아가고 있는가? 죄를 미워하며 죄와 싸우며 살아가고 있는가? 죄와 싸워서 승리하고 있는가? 그렇다면 너무나 멋지고 아름다운 삶을 사는 것이다. 영원에 대한 준비를 제대로 하는 삶이며 하나님께 영광을 돌리는 삶이다. 이런 삶을 사는 사람에게 하나님께서 아름다운 열매로 축복하신다.

하지만 죄에 대하여 관심이 없다면, 죄와 싸우는 일에도 관심이 없고 죄를 짓고 살아가면서도 회개할 생각이 별로 없다면 우리는 인생을 파멸로 몰아가고 있는 것이다. 이런 삶은 인생의 밑지는 장사, 즉 앞에서는 남는 것 같은데 뒤에서는 손해 보는 인생살이다. 왜냐하면 하나님께서 죄를 미워하시기 때문이다.

죄악의 밤(왕상16:29-34)

본문에 나오는 성경말씀을 보면 바로 이 점을 무시해서 망하는 사람들이 나온다. 그 대표자가 누구인가? 아합이라 말한다. 아합은 북이스라엘의 왕이었다. 이스라엘이 어떤 나라인가? 하나님의 나라요 하나님의 백성으로 구성된 나라다. 그래서 하나님을 왕으로 섬기는 나라다. 열왕기상 16장 29절에 보면 아합 왕이 이스라엘을 22년간 다스렸다고 말씀한다. 예수님이 이 땅에 오시기 약 870년에서 850여년까지 북쪽 이스라엘을 다스린 왕이 아합이다. 그런데 그 22년 동안 어떻게 나라를 다스렸는가?

왕상 16장 30절부터 33절까지 보자.

'30 오므리의 아들 아합이 그의 이전의 모든 사람보다 여호와 보시기에 악을 더욱 행하여 31 느밧의 아들 여로보암의 죄를 따라 행하는 것을 오히려 가볍게 여기며 시돈 사람의 왕 엣바알의 딸 이세벨을 아내로 삼고 가서 바알을 섬겨 예배하고 32 사마리아에 건축한 바알의 신전 안에 바알을 위하여 제단을 쌓으며 33 또 아세라 상을 만들었으니 그는 그 이전의 이스라엘의 모든 왕보다 심히 이스라엘 하나님 여호와를 노하시게 하였더라.'

무조건 최고가 좋은 것은 아니다. 더욱이 하나님이 미워하시고 싫어하시는 죄를 짓는 일에 최고가 되면 최고로 망한다. 바로 아합 왕이 그런 사람이었다. 아합 왕은 모든 사람보다 하나님 보시기에 더욱 악을 행했고 죄를 범했다고 말씀한다. 더구나 우상을 섬기는 나라였던 시돈의 공주 이세벨을 자신의 아내로 삼았다. 아합은 그 아내와 함께 하나님이 아니라 바알우상을 지독하게 숭배했다고 기록하고 있다. 아합은 하나님의 말씀을 무시했으며 지키지 않았다. 그렇다. 죄란 하나님의 말씀을 무시하고 지키지 않는 삶이다. 아합의 이런 우상숭배로 인하여 하나님께서 진노를 발하셨다고 본문은 기록하고 있다.

문제는 이스라엘에게 하나님의 진노가 순식간에 임한 것이 아니었다는 사실이다. 시간을 두고 임했다. 오히려 아합이 다스리던 시절에 국가경제는 더 윤택해졌다. 그러니까 죄를 짓고 산다고 해서 하나님께서 경제적인 문제를 꼭 어렵게 하는 것은 아니다. 사실은 이것이 더 무서운 함정이요 형벌이다. 오히려 물질적으로 어려움이라도 오면 자신을 겸손하게 뒤돌아볼 수도 있을 텐데, 오히려 사업도 잘되고 건강도 하니 문제될 때가 많다.

경제적으로 여유가 없을 때 하나님과의 관계가 바르고 좋은 사람들이 많다. 언제나 자신을 되돌아보면서 경건하게 살려 힘쓴다. 그러다가 경제적으로 점점 윤택하게 되면서 이상한 쪽으로 치우친다. 전보다 경제적으로 분명히 더 나아졌는데, 주일을 소홀히 한다. 굳이 주일에 일하지 않아도 전보다 더 경제상황이 나은 데도 주일을 성수하지 않는다. 그러다가 결국 하나님과 멀어지는 사람들이 한 둘이 아니다. 목회하는 입장에서, 경제적 어려움에 대하여 새로운 생각을 하게 만든다. 주님께서 말씀하셨다. '먹을 것과 입을 것이 있으면 족한 줄 알라'고 말이다.

우리가 본문을 통하여 이런 점을 눈여겨봐야 한다. 물질적으로 어렵고 어렵지 않고를 떠나서 하나님이 미워하시는 죄를 짓고 살지는 않는가? 특히 경제적인 넉넉함이 하나님과의 관계를 소홀하게 한다면 정신을 바짝 차려야 한다. 한 걸음 더 나아가 하나님의 말씀에 불순종하며 살아가고 있다면 속히 회개하고 돌아와야 한다. 말씀에 불순종하면서 죄를 가볍게 생각하면서 살고 있다면, 그런 삶은 물질적인 빈부 여부를 떠나서 우리를 더욱 멸망으로 몰아넣는 촉매제가 된다. 오히려 물질의 부요함 때문에 더 더욱 하나님으로부터 멀어지게 되어 있다. 그렇게 되면 말씀에 불순종 하는 것을 가볍게 여기고 죄 짓는 일을 우습게 여기게 된다. 양심에 화인 맞는다는 말씀이 성경에 나오는데, 안타깝게도 그런 지경에 빠지게 된다. 이런 삶은 하나님의 심판을 쌓아가는 삶이다. 하나님의 진노를 저축하며 살아간다.

우리 개인이나 가정이나 이 민족의 앞날은 다른 데 달려 있지 않다. 죄 문제를 우리가 어떤 시각으로 바라보며 어떤 자세로 다루느냐에 달려 있다. 말씀에 불순종하며 죄를 물마시듯 먹고 마시는 삶을 살아가면서도 태연하다면 우리의 앞날은 캄캄한 것이다. 특히 우리 성도들이 이런 자세를 가지고 있다면 심히 안타까운 일이다.

본문에 나오는 이스라엘의 상황은 왕부터 시작하여 모든 국민들에 이르기까지 죄에 대하여 무관심한 삶을 살았다. 즉 하나님의 말씀을 무시하는 삶을 살았다. 무엇을 보면 알 수 있는가? 왕상 16장 34절을 보면 알 수 있다.

'그 시대에 벧엘 사람 히엘이 여리고를 건축하였는데 그가 그 터를 쌓을 때에 맏아들 아비람을 잃었고 그 성문을 세울 때에 막내 아들 스굽

을 잃었으니 여호와께서 눈의 아들 여호수아를 통하여 하신 말씀과 같이 되었더라.'

여기는 또 누가 등장하고 있는가? 벧엘 사람 히엘이라는 사람이 나온다. 이 히엘은 어디 사람인가? 벧엘 사람이다. 벧엘은 '하나님의 집'이라는 뜻을 가지고 있다. 이 벧엘은 신앙의 전통이 있는 지역이요 역사적으로도 유서 깊은 지역이다. 우리나라로 말하면 기독교 역사 초기에 신앙부흥운동이 일어났던 평양에 견줄만한 지역이다. 하나님을 향한 이스라엘의 신앙의 근본을 보여주는 장소다. 지금도 이 이름은 세계 수많은 교회들의 이름으로 사용되고 있다. 한국에도 '벧엘 교회'가 많다.

역사적으로 이 벧엘은 야곱이 하나님을 만난 장소였다. 창세기 28장을 보면, 야곱이 형 에서를 피해 외삼촌댁으로 도망하다가 날이 저물어 돌 베게를 하고 잠을 자다가 하나님을 만난 곳이 바로 이 벧엘이다.

그러니까 이 '히엘'이라는 사람의 출신을 볼 때, 신앙적으로 뭔가 기대가 된다는 의미를 암시하고 있다. 벧엘 출신이기에 뭔가 다르겠지 하는 기대가 있다. 하지만 이 히엘은 신앙적으로 기대는커녕 하나님의 말씀을 정면으로 어기고 하나님께 도전하여 죄를 범하고 있다.

어떻게 하나님의 말씀을 무시하고 거역하는가? 본문에 보니까, 이 히엘이 여리고를 다시 건축하다가 두 아들이 죽었다고 말씀한다. 두 아들이 왜 죽었는가? 하나님의 말씀을 무시하고 거역했기 때문이다.

여호수아서 6장 26절에 이렇게 기록되어 있다. **'여호수아가 그 때에 맹세하게 하여 이르되 누구든지 일어나서 이 여리고 성을 건축하는 자는 여호와 앞에서 저주를 받을 것이라 그 기초를 쌓을 때에 그의 맏아들을**

잃을 것이요 그 문을 세울 때에 그의 막내아들을 잃으리라 하였더라.'
하나님께서 백성들을 애굽에서 이끌어내어 가나안 땅으로 인도하실 때, 가나안 지역에 들어와서 처음 만난 대적이 바로 여리고성 사람들이었다. 이스라엘의 지도자 여호수아는 하나님의 도움과 순종으로 여리고성을 무너뜨렸다. 그리고 하나님은 여호수아에게 하나님의 백성을 대적한 여리고성을 절대로 다시 세우지 못하게 하셨다. 여호수아서 6장 26절의 말씀이 그것이다. 누구든지 일어나서 여리고 성을 건축하는 자는 저주를 받을 것이라고 말씀하셨고 그 저주의 내용은 여리고성의 기초를 쌓을 때 장자가 죽을 것이며 여리고성의 문을 세울 때 막내아들이 죽을 것이라고 말씀 하셨다.

그러니까 벧엘 출신이었던 히엘이, 나름 신앙적 기대를 걸고 있는 지역에 살고 있었는데 하나님의 기대를 저버렸다. 히엘이 하나님의 이 말씀을 몰랐을까? 다른 지역 사람이라면 혹시 그럴 수도 있겠다. 벧엘 사람이 정말 몰랐을까? 모르고 그랬다면 성경에 기록될 리가 없다. 히엘은 그 사실을 알았다. 히엘은 그 시대의 상황을 정확히 알고 있었다. 특히 아합 왕을 비롯한 수많은 사람들이 하나님을 떠나 우상을 섬겨도 아무런 재앙이 일어나지 않는다는 사실을 말이다. 오히려 경제적으로 더 부강하고 하는 일도 잘 되니까, 여리고 성을 다시 건축해도 문제가 되지 않을 것이라 확신했다. 그래서 히엘은 하나님을 무시했고 하나님의 말씀을 무시했다. 그리고는 여리고 성을 건축하기 시작했다. 아마 요즘처럼 여리고 지역에 개발 붐이 일어나지 않았나 싶다.

하나님의 심판(왕상17:1)

그러나 오래 참으시던 하나님은 더 이상 죄악에 대하여 묵과하지 않으셨다. 하나님의 말씀을 어기고 죄를 짓는 히엘을 심판하셨다. 어떻게 심판하셨는가? 여리고 성의 터를 쌓을 때 약속하신 대로 큰 아들 아비람을 죽이셨다. 이렇게 되면 어떻게 해야 하는가? 즉시 공사를 멈추고 베옷을 입고 재 위에 앉아서 금식하며 통렬한 회개를 해야 한다. 그러나 히엘은 하나님을 우습게 봤다. 하나님의 말씀을 무시했다. 아마도 우연의 일치라고 생각했을 것이다. 젊은 나이에 죽는 사람들이 한 둘 아니라고 하나님의 심판을 무시해 버렸다. 물론 그럴 수 있다. 젊어서 세상을 떠난다고 해서 다른 사람들보다 더 많은 죄를 지었기 때문은 아니다. 오해하면 안 된다.

그러나 여기 히엘의 경우는 다르다. 어떻게 다른가? 하나님이 콕 찍어서 하지 말라 말씀하신 것을 무시하고 행했기 때문이다. 영적으로 예민했으면 처음부터 이런 무례한 일을 할 수가 없다. 뿐만 아니라 큰 아들이 잘못되었을 때에 거기서 즉시 돌이켰을 것이다.

사실 영안이 어두워진 사람들, 하나님의 말씀을 무시하고 습관적으로 죄를 짓는 사람들이 빠지는 함정이 바로 이것이다. 하나님께서 신호를 보내고 징계를 하셔도 무시한다. 주일을 지키는 일이 중요하다고 해도 여전히 자기 마음대로 행동한다. 다른 사람 험담하는 것이 죄라고 해도 여전히 험담한다. 음란한 죄가 지옥으로 가는 지름길이라고 해도 무시하는 사람들이 많다. 예수님을 믿는 사람들은 영적으로 민감해야 한다. 자신이 혹시 하나님의 말씀과 어긋나는 일을 하므로 신변상에 이상이 생기면 신앙의 관점에서 볼 줄 알아야 한다. 하나님의 백성이 하나님을 무시하고 하나님의 말씀을 무시하면 하나님은 징계하신다. 그 때 우리가 회개하고 돌아오면 소망이 있다. 하지만 끝까지 고집을 피우면 어떻게 되는가?

왕상 16장 34절을 보면, 히엘이 여리고성 기초를 놓을 때 장자를 죽이신 하나님께서 심판을 계속하신다. 계속해서 하나님의 말씀을 무시하고 성문을 세우는 히엘에게, 말씀하신대로 막내아들 스굽도 죽이셨다.

그러니까 이 시대가 어떤 시대인가? 하나님을 무시하고 하나님의 말씀을 무시하는 시대다. 죄악의 밤이 너무 깊음을 보여주고 있다. 하나님의 이름이 땅에 떨어진 시대다. 왕 뿐만 아니라 대부분의 사람들이 하나님의 말씀과 하나님을 무시하고 있다.

'도둑맞으려면 개도 짖지 않는다.'는 말이 있다. 하나님을 섬기는 믿음생활을 바르게 해야 하는데, 바르게 하지 못할 때, 누군가가 옆에서 책망을 해주는 사람이 있다면 소망이 있고 희망이 있다. 죄를 범했음에도 예배자리에 나와 하나님 앞에 예배드리고 있다면 아직은 희망이 있다. 범죄에 대하여 경고하고 책망하는 하나님의 말씀을 지금 듣고 있기 때문이다. 우리의 믿음을 점검해봐야 하는 이유가 여기에 있다. 우리가 하나님과 하나님의 말씀을 무시하고 죄악의 깊은 밤에 들어와 있지는 않은지 점검해 보자는 것이다. 다른 것은 좀 관심이 없어도 된다. 경제를 좀 몰라도 되고 국제정세를 좀 몰라도 되고 정치에 대해서 좀 몰라도 망하지 않는다. 그러나 하나님과 하나님의 말씀에 대하여 관심이 없고 무지하면 위험하다. 특별히 하나님께서 증오하시는 죄에 대하여 우리의 태도가 단호하지 않으면 망한다.

모든 성도들은 언제나 죄에 민감하고 하나님의 음성에 민감해져야 한다.

바로 이런 시대에, 죄악의 밤이 깊은 시대에 하나님은 본격적인 심판을 선포하고 있다. 하나님은 그 심판을 행하실 때 한 사람을 사용하셨다.

열왕기상 17장 1절 말씀을 보자. **'길르앗에 우거하는 자 중에 디셉 사람 엘리야가 아합에게 말하되 내가 섬기는 이스라엘의 하나님 여호와께서 살아 계심을 두고 맹세하노니 내 말이 없으면 수 년 동안 비도 이슬도 있지 아니하리라 하니라'**

그 사람이 누구인가? 바로 엘리야다. 이 엘리야가 어디 사람이라고 말씀하고 있는가? 길르앗이라고 말씀한다. 그것도 길르앗에서 한참 시골로 들어가야 발견할 수 있는 디셉이라는 곳의 출신이라고 말하고 있다. 여기 길르앗이라는 말은 위에 나왔던 벧엘과 대조적으로 사용 된 말이다. 그러니까 길르앗은 이스라엘에게 있어서 변두리다. 그것도 신앙생활을 하는데 있어서 벧엘과 비교해 볼 때 훨씬 열악한 지역이다. 다시 말하면 신앙생활을 하기에 좋은 조건을 가지고 있던 벧엘 사람 히엘은 신앙생활을 잘 못했고 신앙생활을 하기에 열악한 조건을 가지고 있었던 엘리야는 하나님의 마음에 들었다는 것을 암시적으로 보여주고 있다.

그렇다. 조건이 좋다고 믿음생활을 잘하는 것이 결코 아니다. 몇 대째 예수님을 믿었고, 집안에 믿음으로 훌륭한 분들이 얼마나 많고, 집에서 교회가 가깝고, 교회를 몇 년 다녔고, 직분이 무엇이고 하는 것들이 소중하지만, 좋은 신앙을 보장해주는 것은 아니다.

조건이 어떠하든지 그 심령에 하나님과 하나님의 말씀을 사랑하고 순종하는 사람이 신앙생활을 잘할 수 있다. 본문에 나타난 엘리야는 이스라엘의 어둠을 밝히는 데 쓰려고 하나님이 예비해 두신 사람이었다. 엘리야는 특별한 사람이 아니었다. 우리와 똑같은 사람이었다.

신약성경 야고보서 5장 17절로 18절을 보면, **'17 엘리야는 우리와 성정이 같은 사람이로되 그가 비가 오지 않기를 간절히 기도한즉 삼 년 육 개월 동안 땅에 비가 오지 아니하고 18 다시 기도하니 하늘이 비를 주고 땅이 열매를 맺었느니라.'**고 기록하고 있다.

즉 우리와 성정이 같은 사람이라는 말은, 우리와 같이 죄인이고 연약하고 유한한 인간이었다는 말이다. 그런 엘리야가 하나님께 위대하게 쓰임을 받을 수 있었던 것은 바로 하나님과 하나님의 말씀을 사랑하고 믿었기 때문이다. 성경에 보면 엘리야의 인간적인 면이 잘 나타나 있다. 엘리야도 골치 아픈 문젯거리를 가지고 살았다. 언제나 성령 충만한 삶을 살지 못했고 감정의 기복을 경험하며 살았다. 심지어 힘들고 어려울 때에는 하나님 앞에 죽고 싶다고 고백한 적도 있었다. 그런 엘리야가 하나님께 귀하게 쓰임을 받고 하나님의 인정을 받는 사람이 된 것은 하나님과 하나님의 말씀을 소중히 여기고 사랑했기 때문이다. 무엇을 보면 알 수 있는가? 열왕기상 17장 이하에 보면, 엘리야가 얼마나 하나님의 말씀에 순종하는지가 나온다.

그런 엘리야를 하나님은 사랑하셨고 능력의 종으로 세우셨다. 즉 하나님의 능력을 세상과 세상 사람들에게 드러내는 일꾼으로 사용하셨다.

하나님은 엘리야가 기도할 때 응답하셨고, 이 세상에서 엘리야를 데려

가실 때 죽음을 맛보지 않고 천사들을 보내셔서 불 병거를 타고 천국으로 인도하셨다. 심지어 마태복음 17장에 보면 변화산에서 부활의 영광스러운 모습으로 모세와 함께 이 땅에 내려와 예수님과 대화를 나누는 영광까지 누렸다.

그렇다. 하나님은 당신을 사랑하고 당신의 말씀에 순종하는 사람을 높여주신다. 당신의 일꾼으로 사용하시며 영광을 덧입혀 주신다. 세상에 하나님을 증거하고 하나님의 능력을 드러내는 일에 사용해주신다. 우리도 엘리야처럼 하나님과 하나님의 말씀을 사랑하여 죄악을 이기고 하나님께 귀하게 쓰임 받는 사람들이 되어야 한다.

위대한 믿음의 사람 엘리야(왕상16:34-17:1)

그렇다면 엘리야가 본문의 상황에서 어떻게 하나님께 쓰임을 받고 있는가? 열왕기상 17장 1절을 보면, 엘리야가 하나님께 불순종하는 아합 왕에게 보내진다. 이것은 엘리야가 하나님을 제대로 믿었다는 증거다. 지금 본문에 나오는 이스라엘의 상황이 어느 때인가? 우상숭배의 시대다. 아합 왕의 부인인 시돈 공주 이세벨은 하나님을 섬기는 사람들을 닥치는 대로 잡아서 죽였다. 누구 한 사람 내놓고 여호와 하나님을 믿는다고 말할 수 있는 분위기가 아니다. 이런 분위기 속에서 하나님의 말씀을 전하려 아합 왕을 찾아간다는 것은 엘리야의 신앙이 얼마나 반듯하게 서 있었는가를 보여준다. 이것은 목숨을 건 행동이다. 단지 하나님께서 가서 전하라는 말씀에 목숨을 걸고 순종하고 있는 것이다. 이것을 볼 때 우리는 엘리야의 신앙을 볼 수 있다. 아합보다 하나님을 더 신뢰하고 사랑하는 것을 보여

주고 있다.

이 시대에 하나님의 말씀이 역사를 일으키기 위해서 이런 순종의 사람이 필요하다. 하나님이 하신 말씀을 온전히 그대로 믿고 순종할 수 있는 사람들이 필요하다. 자기 자신보다 하나님을 더 믿고 의지하고 사랑하는 사람이 필요하다. 하나님이 하신 말씀을 묵묵히 순종하는 사람을 통해서 하나님의 능력과 영광이 드러난다. 스스로 성도라고 하는 우리들이 그런 사람들이 되어야 한다. 그런 순종의 사람이 적어서 하나님의 능력이 나타나지 않는다. 하나님께서 하라고 해도 하지 않는다. 하나님께서 가라고 해도 가지 않는다. 머뭇거린다. 이유와 핑계가 많다. 죄악으로 깊어가는 이 세상에 하나님의 능력을 드러내는 것은 하나님의 말씀을 듣고 그대로 순종하는 것뿐이다.

세상의 권력이나 명예나 물질보다 하나님을 두려워할 줄 아는 한 사람이 필요하다. 그런 것들보다 하나님을 더 사랑하는 한 사람이 필요한 때다. 엘리야는 바로 그런 사람이었다. 그는 세상이나 사람보다 하나님을 더 두려워했고 하나님을 더 사랑했다. 하나님이 아합 왕에게 가라고 하니까 목숨을 걸고 아합 왕 앞에 섰다.

그렇다면 이런 엘리야의 믿음과 신앙이 어디서 왔을까? 우리는 엘리야라는 이름에서 그 단서를 발견할 수 있다. 이 엘리야라는 이름의 뜻은 '여호와는 나의 하나님이다'라는 뜻이다. 즉 이 말의 더 정확한 뜻은 '하나님은 엘리야의 힘과 능력이시다'라는 의미다.

'하나님이 나에게 힘과 능력을 주신다.'라는 말과 '하나님이 나의 힘과 능력이시다'라는 말은 전혀 다른 말이다. 이 두 말이 모두 귀한 말이지만, 이 둘 사이에는 아주 큰 차이를 가지고 있다. 많은 분들이 이 말의 의미를 모를 뿐만 아니라 누리지를 못한다. 왜 그렇게 말할 수 있는가? 이 말의 의미를 알고 이 진리를 삶 속에서 누릴 줄 안다면 우리의 삶은 엘리야와 같이 하나님의 능력이 나타나게 될 것이다. 엘리야와 같은 담대함이 있다. 죄악으로 어두워져가는 세상을 밝히는 능력의 역사가 우리를 통하여 거세게 일어난다. 그렇게 될 때 엘리야와 같이 하나님과 하나님의 말씀을 생명처럼 아끼고 순종하는 역사가 반복해서 일어나게 되어 있다. 그러나 엘리야와 같은 담대함이 없고 죄를 미워하지 않으며 하나님이 원하시는 가장 기본적인 것도 하지 못하는 연약함에 머물러 있다면, '하나님께서 우리의 힘과 능력이 아니라'는 반증이 된다.

하나님께서 우리에게 힘과 능력을 주신다는 사실을 굳게 믿을 때 우리에게 나타나는 하나님의 능력과 역사는 대단하다. 용기와 담력이 나타나고 믿음의 역사가 일어난다. 우리 모든 하나님의 백성들이 이런 신앙을 가지고 믿음생활을 해야 한다. 인생을 살아가면서 만나는 수많은 환경 속에서 하나님께서 우리에게 힘과 능력을 주심을 확신하며 살아가야 한다.

그러나 엘리야의 신앙은 여기서 한 단계 더 나아가는 신앙이었다. 엘리야의 이름이 가지고 있는 뜻은 하나님께서 엘리야에게 힘과 능력을 주실 뿐만 아니라 하나님께서 친히 힘과 능력이 되어 주신다는 사실이다. 엘리야는 이것을 믿었다.

하나님께서 우리에게 능력을 주시고 힘을 주신다고 할 때 하나님과 우리 사이에는 어느 정도 간격이 있다. 하지만 하나님께서 우리의 힘과 능력이라 할 때 하나님과 우리 사이에는 간격이 없어진다. 우리는 이 차이를 이해해야 한다. 하나님께서 우리에게 힘과 능력을 주시는 단계에서 더 앞으로 나아가 하나님께서 친히 우리의 힘과 능력이 되신다는 사실을 믿는 데까지 나아가야 한다. 엘리야의 위대함의 비결은 바로 이것이었다. 아니 수많은 신앙의 선배들, 믿음의 영웅들의 비결이 여기에 있었다.

다윗도 시편 18편 1절과 2절에서 멋진 고백을 하고 있다.

'1 나의 힘이신 여호와여 내가 주를 사랑하나이다 2 여호와는 나의 반석이시요 나의 요새시요 나를 건지시는 이시요 나의 하나님이시요 내가 그 안에 피할 나의 바위시요 나의 방패시요 나의 구원의 뿔 이시요 나의 산성이시로다'

다윗은 하나님께 힘을 달라고 하는데서 한 단계 더 나아갔다. 다윗도 엘리야처럼 하나님을 자신의 힘이라고 고백했다. 하나님을 자신의 반석이라고 고백했다. 하나님의 자신의 요새라고, 자신의 피할 바위요 방패요 구원의 뿔이요 산성이라고 고백했다.

우리 모두 한번 생각해 보기 바란다. 지금 원수가 우리에게 활을 쏘고 있다. 그런데 하나님이 그 화살을 막아주시는데, 어떻게 막아주시는가? 하나님께서 우리 앞에 방패를 세워서 화살을 막아주신다. 더 실감나는 사실이 무엇인가? 하나님이 친히 우리에게 힘과 능력과 방패가 되신다. 하나님께서 친히 방패가 되셔서 화살과 모든 위험한 것들로부터 우리를 막아주신다.

그렇다면 이 차이가 무엇인가? 하나님이 방패를 보내셔서 우리를 위험한 것으로부터 막아 주신다면 우리는 그것들로부터 보호를 받게 될 것이다. 하지만 하나님이 친히 방패가 되셔서 그 화살이나 위험한 것으로부터 막아주신다면 우리는 단순히 그 위험한 것들로부터 보호만 받는 것이 아니라 그 화살을 쏘고 위험한 것들을 가지고 우리를 공격하는 대적이 하나님에 의하여 망하는 것까지 보게 될 것이다. 차이가 이렇게 크다.

어떤 성도들은 아예 하나님의 도움을 받지 못하고 살아간다. 또 도움을 받지만 그것을 알지 못한다. 그런가하면 어떤 분들은 하나님께서 능력을 주셔서 그 능력을 힘입고 살아간다. 이것도 귀한 것이다. 그러나 더 큰 영광과 축복은 하나님께서 친히 능력과 힘과 방패가 되어주심을 경험하며 살아가는 것이다.

엘리야가 그런 사람이었다.

고린도전서 1장 30절로 31절에 보면, **'30 너희는 하나님으로부터 나서 그리스도 예수 안에 있고 예수는 하나님으로부터 나와서 우리에게 지혜와 의로움과 거룩함과 구원함이 되셨으니 31 기록된 바 자랑하는 자는 주 안에서 자랑하라 함과 같게 하려 함이라'**고 말씀한다.

우리가 예수님을 믿을 때 예수님은 우리에게 힘과 능력이 되신다. 우리에게 힘과 능력이 필요할 때 예수님은 우리에게 힘을 주실 뿐만 아니라 한 걸음 더 나아가 우리에게 힘이 되시고 능력이 되신다. 성도는 이 사실을 반드시 믿어야 한다. 우리에게 지혜가 필요할 때 하나님이 지혜를 주신다. 뿐만 아니라 거기서 한 걸음 더 나아가 예수님께서 친히 우리에게 지혜가 되어 주신다. 거룩도 마찬가지다. 필요할 때마다 예수님은 우리가 거룩하게 되도록 도울 것이다. 그러나 거기서 한 걸음 더 나아가 예수님이 우리의 거룩이 되어 주신다. 평강도 마찬가지 원리를 가지고 있다. 생명도 그렇고 구원도 그렇다.

신약성경 에베소서 1장 13절로 14절에 보면, **'13 그 안에서 너희도 진리의 말씀 곧 너희의 구원의 복음을 듣고 그 안에서 또한 믿어 약속의 성령으로 인 치심을 받았으니 14 이는 우리 기업의 보증이 되사 그 얻으신 것을 속량하시고 그의 영광을 찬송하게 하려 하심이라'.**

이 말씀도 마찬가지다. 우리가 누구라고 말씀하고 있는가? 하나님은 예수님 안에서 성도들을 성령으로 인 쳤다고 말씀하신다. 이 말은 성령님께서 어떤 도장을 우리에게 찍으셨다는 말이 아니다. 아예 성령님께서 친히 도장이 되셨다는 의미다. 우리 안에 '인'이 되셔서 들어오셨다는 말씀이다.

이 진리를 깨닫는 사람들은 하나님께 우리가 필요한 것들을 달라고 기도할 뿐만 아니라 한 걸음 더 나아간다. 바로 예수님께서 친히 우리에게 그런 것들이 되셨다는 사실도 굳게 믿는 것이다. 엘리야의 신앙의 위대성이 바로 여기 있었다. 엘리야는 하나님께서 자신의 힘과 능력이 되신다는 이름대로 하나님을 믿고 살았던 사람이다. 때로는 흔들리고 넘어질 때도 있었지만 곧 일어났다. 바로 힘과 능력이 되시는 하나님을 다시 붙잡았기 때문이다.

이런 신앙과 믿음으로 무장한 엘리야였기에 그 어둠의 시대에 하나님의 일꾼으로 부름 받아 시대를 밝히는 등불로 하나님께 쓰임을 받았다. 모든 성도들도 엘리야처럼 이 진리를 굳게 믿음으로 하나님께 귀하게 쓰임 받아야 한다.

워렌 버핏이라는 사람의 별명이 있다. 바로 '투자의 귀재'다. 얼마나 투자를 잘하면 그런 별명이 붙었을까? 투자에 대해서라면 세계적으로 인정을 받는 사람이다.

그러나 예수님을 믿는 성도들이야말로 진정한 투자의 귀재가 될 수 있다. 바로 영원에 대한 투자다. 왜냐하면 성도들은 이 세상과 오는 세상, 즉 천국에서까지 통용되는 투자를 할 수 있는 사람들이기 때문이다. 이 세상에서 하는 투자는 이 세상 살 동안만 유효하다. 그것도 나름 가치가 있다. 그러나 문제는 사람이 이 세상에서만 사는 것이 아니라는 사실이다.

베드로전서 1장 25절에, **'오직 주의 말씀은 세세토록 있도다 하였으니 너희에게 전한 복음이 곧 이 말씀이니라.'**고 기록하고 있다. 무슨 의미인가? 이 세상의 모든 것이 지나가되 오직 주의 말씀만이 영원하다. 하나님의 말씀이 영원하다는 것은, 그 말씀에 인생을 거는 사람들도 영원한 복을 받는다는 의미다.

기록된 하나님의 말씀이 영원하기 때문에, 그 말씀에 순종하는 사람들도 영원하다. 영원하신 하나님의 말씀에 순종하는 삶이야말로 영원한 투자의 핵심이 된다. 하나님이 분명히 말씀하셨는데도 무시하고 불순종하며 살아가는 사람이 있다면 본문에 나오는 벧엘 사람, '히엘'의 길을 걷는 사람이다.

하나님의 말씀은 진리다. 언제나 하나님의 말씀이 옳다. 내 생각과 부딪힐 때, 내 생각은 옳지 못하다. 하나님의 말씀이 언제나 진리요 언제나 옳음을 알아야 한다. 내 생각을 사로잡아 그리스도께 복종시키는 능력이 있어야 한다. 이것이 영원한 투자다.

이런 복을 받은 사람이 본문의 엘리야다.

엘리야 이름의 뜻이 무엇인가? '여호와는 나의 하나님이다'이다. 즉 이 말의 더 자세한 의미는 '하나님은 엘리야의 힘과 능력'이다.

성도는 하나님이 주시는 능력으로 살아가는 사람들이다. 이것은 놀라운 축복이다. 그러나 성도들에게는 그 보다 더 큰 은혜가 있다. 바로 하나님 그 분이 친히 우리의 능력이 되어 주시는 삶이다. 예수님이 친히 우리에게 힘과 능력으로 존재해 주시는 것이다.

하나님이 엘리야의 힘과 능력이었기에 엘리야는 하나님의 위대하신 능력을 경험하고 누리고 세상에 나타내며 살 수 있었다. 엘리야는 죄를 이기고 세상을 이기고 사탄을 이기는 삶을 통하여 영원 설계에 성공한 것이다. 영원을 제대로 예비하는 삶을 산 것이다.

모든 성도들이 이것을 믿어야 한다. 이 진리를 놓치지 말고 믿어야 한다. 예수님이 나의 힘이요 능력임을 분명하게 믿어야 한다. 어떤 일이 있어도 이 진리를 붙잡아야 한다. 예수님이 주시는 능력도 소중하지만, 예수님 그 분이 우리의 능력임을 믿고 살 때, 엘리야의 삶이 가능하다. 죄를 이기는 삶이 가능하다. 영원을 예비하는 삶이 가능하다. 이 땅에서 하나님의 능력이 나타나는 통로로 쓰임 받는 삶이 가능해진다.

샬롬 마라나타!!!

토의 문제

1. '노후 준비'를 어떻게 하고 있는지를 나눠 보라.

2. '영원 준비'는 어떻게 하고 있는지를 나눠 보라.

3. 이스라엘 백성인 아합 왕이 왜 하나님을 대적하는 삶을 살았는지 나눠 보라.

4. 벧엘 사람 히엘과 디셉 사람 엘리야에 대하여 나눠 보라.
- '벧엘'과 '디셉'을 중심으로.

5. '엘리야'의 이름에 대하여 나눠 보라.

또 하나님의 능력을 덧입는다는 개념과 하나님이 친히 능력이 되신다는 의미를 나눠 보라.

기 도

1. 토의 내용을 통하여 하나님께 찬양하고 감사하며 고백하고 회개하라.

2. 토의 내용을 통하여 주신 기도제목을 가지고 간구하라.

그릿 시냇가

(왕상17:1-7)

엘리야는 깊은 어둠의 시대에 하나님께 쓰임을 받았던 사람이었다. 우리 모두는 하나님께 쓰임을 받고 살아간다. 중요한 사실은 어떤 일에 쓰임을 받느냐는 것이다. 이 세상에 사람으로 태어나면 모두 영원한 생명을 소유한다. 이 역시 중요한 사실이 있는데, 어디에서 영원을 보낼 것인가이다. 천국에서 주님과 함께 보낼 것인지 아니면 지옥에서 사탄과 함께 영원을 보낼지가 중요하다. 쓰임 받는 것도 마찬가지다. 가룟 유다는 예수님을 팔아먹는 일에 쓰임을 받았다. 베드로는 수많은 영혼을 주님께 인도하는 일에 쓰임을 받았다.

어떤 일에 쓰임을 받을 것인지는 우리의 선택에 달려 있다. 요한계시록 2장 10절에, '죽도록 충성하라'는 말씀을 주목해야 한다. 우리의 힘과 시간과 능력이 무한정으로 주어지는 것이 아니기 때문이다. 따라서 성도는 세월을 아껴야 한다.

성경의 관점으로 볼 때 세상이 죄악으로 어두워져 가는 것은 막을 수는 없다. 하나님의 백성들은 어둠에 항거할 뿐이다. 아마 우리들의 힘으로 어두워져 가는 시대를 온전히 밝힐 수만 있다면 세상의 종말은 오지 않을 것이다. 성경은 이 세상의 종말이 시시각각으로 다가오고 있다고 말씀한다. 특히 세상 종말의 절정이라 할 수 있는 예수님의 재림이 다가오고 있다. 예수님의 재림이 가까워질수록 이 세상은 점점 더 죄악으로 어두워져 갈 것임을 말씀한다.

안타깝게도 대부분의 사람들은 세상의 제도나 정치가 바뀌면 지상낙원이 이루어질 것이라는 착각 속에 살아가고 있다. 정치가 바뀌면 모든 문제가 다 해결될 것처럼 말한다. 물론 적지 않은 부분이 바뀔 수 있다. 하지만 그 속도나 범위보다 악해지는 속도나 범위가 더 빠르고 더 넓다. 세계적으로 대통령이나 최고 지도자 뽑는 방식이 마음에 들지 않는다.

의사가 되려면 어떻게 해야 하는가? 의대를 꼭 나와야 한다.

판검사가 되려면 어떻게 해야 하는가? 관련 공부를 충분히 해야 한다.

대통령이 되려면 어떻게 해야 하는가? 대통령 학과가 있어야 한다. 대통령이 뭐하는 자리인지 모르는 사람들이 대통령이 되어서 국민들을 힘들게 한다. 대학교 하나 세워서 대통령학과를 운영하고 싶은 마음이 간절하다. 그래서 세계적으로 대통령이 되기를 원하는 사람들을 불러다가 교육을 시켰으면 좋겠다. 그러면 세상이 좀 나아질까 모르겠다.

이런 식으로 하면 아마 조금은 좋아질 것이다. 하지만 이것만 가지고는 세상을 온전하게 바꿀 수 없음을 겸손히 인정해야 한다. 이 땅에 온전하고도 바른 삶이 본격적으로 시작되는 것은 예수님의 재림이 이루어질 때다. 하나님께서 그렇게 말씀하신다. 그래서 우리의 진정한 소망은 이 세상에 있지 않다. 이 땅에 예수님께서 다시 오실 날을 손꼽아 기다리는 이유가 여기에 있다. 요한계시록 22장 20절에 보면 사도 요한이 이렇게 고백한다.

'이것들을 증언하신 이가 이르시되 내가 진실로 속히 오리라 하시거늘 아멘 주 예수여 오시옵소서.'

이 말씀은 예수님께서 사도 요한에게 속히 재림하실 것을 약속하시자, 사도 요한이 예수님께 재림을 소망한다고 대답하는 말씀이다.

이 땅에 예수님은 다시 오실 것이다. 반드시 다시 오실 것이다. 예수님께서 재림하여 오실 때 이 땅에 진정한 자유와 평화가 완성되는 낙원이 이루어진다. 그래서 우리 모든 성도들은 예수님의 재림의 날을 사도 요한처럼 기다리며 기도하며 살아야 한다.

우리 성도들은 예수님의 재림을 기다리면서 죄악으로 어두워진 시대에 하나님께 쓰임을 받아야 한다. 하나님은 죄악의 어두움이 정도 이상으로 퍼지지 않도록 통제하신다. 바로 그 일을 엘리야와 같은 믿음의 일군들을 통해서 하신다. 거기에는 하나님의 특별한 뜻이 있다. 당신의 뜻을 이루시고 당신의 백성들을 돌보시기 위하여 그렇게 하신다.

엘리야가 하나님께 쓰임 받은 비결이 어디에 있었나? 바로 그의 이름에서 힌트를 얻을 수 있다. 엘리야는 '여호와는 나의 하나님이시다'라는 의미를 가지고 있다. 이 말씀의 의미는 '하나님이 나의 힘과 능력이시다'는 의미다. 즉 하나님은 엘리야에게 힘과 능력을 주실 뿐만 아니라 친히 힘과 능력이 되어 주신다는 사실을 확실하게 믿었기 때문에 하나님께 크게 쓰임을 받았다.

그렇다. 죄악으로 어두워져 가는 시대에 우리가 하나님께 쓰임 받기 위하여 할 일이 분명하다. 모든 힘과 능력은 하나님께로부터 나온다. 우리는 그 능력을 덧입어야 한다. 아니 한 걸음 더 나아가 엘리야처럼 하나님께서 친히 우리의 힘과 능력이 되심을 믿고 살아가야 한다. 하나님은 힘과 능력이 하나님께로부터 오는 것임을 확신하는 사람들을 쓰신다. 아니 예수님이 우리의 힘과 능력이심을 믿는 성도를 위대한 일에 사용하신다.

인생의 방향과 속도(왕상17:1)

하나님만을 생명의 근원으로 굳게 믿었던 엘리야는 자신의 민족이 하나님 앞에 죄를 짓는 모습을 더 이상 볼 수가 없었다. 그래서 본문 1절에 보면 그 당시 왕이었던 아합에게 나아가서 하나님의 심판을 선언하고 있다. 신앙의 핍박과 박해가 극에 달해 있던 때에 다른 방법을 통해서도 할 수 있었지만 엘리야는 직접 왕을 찾아가서 하나님의 심판을 선언했다. 그 심판은 자신의 말이 없으면 수년 동안 비가 오지 않는다는 것이었다. 이 말을 언뜻 보면 엘리야가 능력을 가진 사람인 것처럼 비춰질 수 있다. 그러나 그렇지 않다. 신약성경 야고보서 5장에 17절로 18절을 보면, **'17 엘리야는 우리와 성정이 같은 사람이로되 그가 비가 오지 않기를 간절히 기도한즉 삼 년 육 개월 동안 땅에 비가 오지 아니하고 18 다시 기도하니 하늘이 비를 주고 땅이 열매를 맺었느니라.'**고 말씀하고 있다.

엘리야가 아합 왕에게 나아가서 자신의 말이 없이는 비가 오지 않을 것이라는 말은, 왕과 백성들이 지은 죄에 대하여 회개하지 않을 경우, 자신이 하나님께 비가 오지 않도록 기도하겠다는 말이었다. 자신이 기도하면 하나님께서 그 기도를 응답하시고 비가 오지 않게 하실 것이며 또 비가 오게 해달라고 기도하면 비가 올 것이라는 말이었다.

그리고는 실제로 아합과 이스라엘 백성들이 회개하지 않음으로 엘리야는 비오지 않기를 기도했다. 하나님은 엘리야의 기도를 들으시고 3년 6개월 동안이나 비를 내리지 않으셨다.

그렇다면 엘리야가 어떤 근거로 비 오지 않기를 하나님께 기도한 것인가? 단순히 사람들이 죄를 지으니까 벌을 주기 위하여 기도한 것일까? 그런 기도도 가능하다. 하지만 엘리야의 기도는 성경적인 근거를 가지고 있다. 엘리야가 비 오지 않게 해 달라고 하나님께 기도한 것은 하나님의 말씀에 근거를 가지고 있다.

구약성경 신명기 11장 13절로 17절이다. **'13 내가 오늘 너희에게 명하는 내 명령을 너희가 만일 청종하고 너희의 하나님 여호와를 사랑하여 마음을 다하고 뜻을 다하여 섬기면 14 여호와께서 너희의 땅에 이른 비, 늦은 비를 적당한 때에 내리시리니 너희가 곡식과 포도주와 기름을 얻을 것이요 15 또 가축을 위하여 들에 풀이 나게 하시리니 네가 먹고 배부를 것이라 16 너희는 스스로 삼가라 두렵건대 마음에 미혹하여 돌이켜 다른 신들을 섬기며 그것에게 절하므로 17 여호와께서 너희에게 진노하사 하늘을 닫아 비를 내리지 아니하여 땅이 소산을 내지 않게 하시므로 너희가 여호와께서 주신 아름다운 땅에서 속히 멸망할까 하노라'.**

엘리야는 이 말씀을 이미 알고 있었다. 엘리야는 온 민족이 하나님 앞에 죄 짓는 것을 보고 이 말씀에 의지하여 기도한 것이다. 하나님께서 하신 말씀을 신실히 붙잡고 믿음으로 기도했던 엘리야에게 능력이 나타났던 이유가 이것이다. 야고보서 5장 17절에도 보면 이 말씀을 붙잡고 엘리야가 '간절히 기도했다'고 말씀하고 있다. 간절히 기도했다는 말은 전심으로 기도했다는 것이고 계속해서 믿음으로 부르짖었다는 뜻이다.

우리의 기도생활을 점검해야 한다. 우리가 하나님께 드리는 기도는 어떤 기도인가? 하나님의 말씀에 근거해서 드리는 기도인가? 물론 모든 기도가 그럴 필요는 없다. 하나님은 우리에게 '무엇이든지 구하라'고 말씀하셨다. 하지만 구하는 내용에 대한 하나님의 약속이 성경에 기록되어 있다면, 그 약속의 말씀을 의지하여 기도하는 것을 하나님이 기뻐하신다. 하나님은 우리가 이 땅에 살면서 필요한 것을 '구하면 주시겠다'고 약속하셨다. 그 필요는 영적인 것과 육적인 것을 모두 포함한다. 우리는 우리 혼자 힘만 가지고는 하나님의 뜻대로 살 수 없는 연약한 사람들이다. 하나님의 도움을 받지 못하면 하나님의 뜻대로 살 수 없는 사람들이다. 하나님의 도움을 받는다는 것은 귀한 것이고 행복한 것이다. 그 도움을 받는 방법은 하나님께 기도하는 것이다. 약속하신 하나님의 말씀을 붙잡고 그 말씀에 근거해서 기도하는 것이다. 말씀을 붙잡고 대충대충 기도하는 것이 아니라 엘리야처럼 '간절히' 기도해야 한다. 전심으로 기도하며 열정으로 기도하는 것이다.

이 시대 많은 사람들이 기도생활을 한다. 귀한 일이다. 하나님의 위대한 동역자들이 될 것이다. 그러나 많은 사람들이 기도생활을 하지 않는다. 또 제대로 하지 못한다. 디모데전서 4장 5절에 보면, '하나님의 말씀과 기도로 거룩해진다'고 말씀하고 있다. 예수님을 믿고 하나님의 자녀가 된 사람들의 축복의 비결은 '말씀과 기도의 생활화'이다. 성도는 말씀에 근거한 간절한 기도를 통하여 하나님께서 원하시는 삶을 살 수 있다.

하나님께서 원하시는 삶에 있어서 중요한 것은 인생의 방향과 속도다. 하지만 우리의 연약함으로 인생의 방향을 제대로 알지 못한다. 하루에 밥 세끼 먹고 산다고 해서 다 하나님의 뜻대로 사는 것이 아니다. 삶의 방향과 속도는 하나님의 말씀과 기도를 통해서만 알 수 있다. 신앙생활에 실패하는 이유가 무엇인가? 하나님이 원하시는 삶의 방향을 알지 못하기 때문이다. 하나님의 뜻을 찾지 못하고 알지도 못하니까 내 생각대로 내 뜻대로 살아버린다. 이것은 제대로 된 방향이 아니다. 그러다보니 삶이 헝클어진다. 중심을 잡지 못한다. 방향이 좀 잘못된 것 같으면 즉시 고쳐야 한다. 문제는 그 방향의 잘못되었어도 그 사실을 알지 못한다는 것이다. 말씀과 기도를 통한 기준이 있어야 방향의 잘잘못을 알 수 있다. 말씀과 기도를 통한 하나님의 뜻에 대한 기준이 서 있지 않으면 쓸데없는 고집이 충만해지고 막무가내의 삶을 살 수 밖에 없다. 그 결과는 아쉬움과 후회다.

삶의 방향이 조금만 잘못되어도 그 결과는 엄청나다. 여기에 필요한 것이 바로 하나님의 말씀과 기도다. 말씀과 기도를 통하여 우리가 인생의 제대로 된 방향을 잡을 수 있기 때문이다. 하나님께서는 우리가 말씀을 가지고 기도할 때 올바른 방향을 가르쳐 주신다. 하지만 말씀을 무시하고 또 말씀에 기초하여 기도하지 않는다면 삶의 방향을 모른 채 내 생각대로만 살아가게 되고 그 결과는 좌절과 절망이 될 것이다.

우리가 말씀과 기도로 하나님의 인도하심을 받지 못하면 잘못된 방향으로 갈 뿐만 아니라 또 문제가 생기는데 그것은 속도 조절이 안 된다는 사실이다. 방향이 잘못되었는데 속도 조절이 안 되고 과속을 하면 파멸을 앞당길 뿐이다. 또 속도를 좀 내야 하는데 더 늦춘다면 그것도 문제가 된다. 그 길로 가면 망하는 길인데 오히려 더 속도를 낸다.

망한 사람들의 이야기를 들어보면 한결같이 하는 말이 그 당시에 '아무것도 보이지 않았다'고 말한다. 전적으로 동의한다. 눈에 뭐가 씌었던 것 같다고 말하는데, 맞다. 인생의 속도는 빠르다고 좋은 것도 아니고 느리다고 좋은 것도 아니다. 빨리 갈 때는 빨리 가야하고 느리게 갈 때는 느리게 갈 줄 알아야 한다. 바로 이 타이밍을 결정하는 것이 중요한데 하나님의 말씀과 기도로 깨어 있는 사람에게 하나님께서 그 지혜와 능력을 주신다.

이처럼 인생의 방향과 속도가 중요한데, 하나님은 말씀과 기도로 깨어 있는 사람들에게 인생의 방향을 인도하시고 또 인생의 속도에 대한 지혜를 주신다.

본문에 나오는 아합과 대다수의 백성들은 인생의 방향과 속도를 모두 잃어버린 사람들이었다. 잘못된 방향으로 전속력으로 달려갔다. 그러나 엘리야는 하나님 앞에 말씀과 기도로 깨어 있는 사람이었기 때문에 제대로 된 방향을 잡았고 제대로 된 속도를 유지할 수 있었다.

우리 모두가 하나님 앞에 말씀과 기도로 깨어 있어서 인생의 제대로 된 방향과 속도를 잃지 말아야 한다. 말씀에 근거하여 간절한 기도생활을 할 때 인생의 방향과 속도를 알게 된다. 왜냐하면 하나님이 그 지혜를 주시기 때문이다.

한 번에 한 걸음씩(왕상17:2-5)

엘리야는 쉽지 않은 일을 막 끝냈다. 생명을 걸고 아합 왕에게 들어가서 인생의 제대로 된 방향과 속도가 무엇인지를 보여 줬다. 만일 엘리야의 권고를 아합 왕이 듣고 즉각 귀를 기울이고 순종했다면 가뭄이 그렇게 길지 않았을 것이다. 하지만 아합 왕은 전혀 듣지를 않았고 잘못된 방향으로 가면서 속도를 더 냈다. 이것이 죄의 특성이다. 죄의 종이 되면 죄가 사람을 쉽게 놓아주지 않는다. 어떻게 잡은 기회인데 쉽게 놓아주겠는가? 많은 사람들이 죄를 범하면서도 하나님께 돌아오지 못하는 이유는 죄에게 능력과 권능이 있기 때문이다.

이런 이유로 성도가 살면서 죄를 범할 때마다 철저하게 회개해야 한다. 회개를 늦추면 늦출수록 죄의 지배력이 커진다. 하나님의 뜻대로 살기보다는 죄의 종으로 살아가게 만든다. 잘못된 방향으로 가면서 속도를 더 내게 되는 누를 범한다. 이것은 인생의 비극이다.

아합 왕은 엘리야의 권고를 거절했다. 이제는 어떻게 해야 되는가? 잘못하면 감옥에 갇힐 수도 있고 죽을 수도 있다. 바로 그 때 하나님의 말씀이 엘리야에게 임했다.

열왕기상 17장 2절로 5절이다.

'2 여호와의 말씀이 엘리야에게 임하여 이르시되 3 너는 여기서 떠나

동쪽으로 가서 요단 앞 그릿 시냇가에 숨고 4 그 시냇물을 마시라 내가 까마귀들에게 명령하여 거기서 너를 먹이게 하리라 5 그가 여호와의 말씀과 같이 하여 곧 가서 요단 앞 그릿 시냇가에 머물매'

5절 말씀을 볼 때 엘리야는 아합의 손으로부터 빠져 나왔다. 여기서 우리는 하나님의 인도하심을 볼 수 있다. 엘리야는 하나님의 인도하심을 받고 그곳을 무사히 빠져 나왔다. 그 과정이 어떻게 진행되었는지는 알 수 없지만 일단 엘리야는 하나님의 도움으로 아합 왕으로부터 벗어났다.

이것을 보면 엘리야가 목숨을 걸고 아합 왕에게 갈 수 있었던 것도 하나님의 인도하심을 따라갔기 때문이다. 무엇을 보면 알 수 있는가? 2절을 보면 알 수 있다. 하나님께서 엘리야를 인도하고 계신다. 하나님께서 엘리야에게 임하셔서 말씀으로 어디로 갈 것을 정확하게 지시하고 계신다. 즉 인생의 방향을 지시하고 있다는 말이다. 그곳이 어디인가? 3절 이하에서 보니까 동쪽이다. 동쪽 요단 앞 그릿 시냇가라고 말씀한다. 거기로 가서 숨고 그 시냇물을 마시면 하나님께서 까마귀들을 명하여 엘리야를 먹여줄 것이라고 말씀한다.

우리는 여기서 하나님의 인도하시는 방법을 볼 수 있다. 바로 한 번에 한 걸음씩 인도하신다. 무슨 말씀인가? 오늘 말씀을 자세히 보면, 하나님은 엘리야를 아합에게 보내셔서 아합에게 경고한 다음에 어떻게 할 것을 미리 말씀하시지 않으셨다. 오히려 엘리야가 가뭄에 대한 경고를 한 직후에 하나님의 말씀이 임했다. 즉 지금 어떻게 하고 어디로 가야할지 인생의 방향을 가르쳐 주시고 인도하신다. 사실, 미리 좀 말씀해 주셨으면 엘리야가 아합에게 갈 때도 좀 더 자신 있게 갔을 것이다. 그러나 하나님은 그렇게 하지 않으셨다.

오늘 이 시대를 살아가는 성도들이 이 점을 명심해야 한다. 하나님은 한 번에 모든 것을 보여주지 않으신다. 우리가 어떤 일을 할 때, 하나님의 말씀에 한 걸음 순종하면 순종할 때마다 하나님은 그 다음 걸음으로 인도하신다. 문제는 우리의 마음이 급하다는 사실이다. 대부분의 사람들의 기대는 시작과 끝을 동시에 보고 싶어 한다.

그러나 이런 태도는 하나님을 의지하는 것이 아니라 눈에 보이는 것을 의지하려는 태도다. 말씀과 기도에 깨어 있는 사람의 특징은 보이는 대로 행동하지 않는다. 즉 보이지 않는 하나님의 말씀을 붙잡고 하나님의 인도하심을 따라 앞으로 나아가는 사람이 믿음의 사람이다. 하나님께서 엘리야에게 그 다음 걸음을 보여주신 것은 엘리야가 하나님의 인도하심에 순종하여 아합 왕에게 하나님의 말씀을 전하고 난 다음임을 잊지 말아야 한다.

이런 원리는 성경에 가득 차 있다.

하나님께서 이스라엘 백성에게 젖과 꿀이 흐르는 가나안 땅을 주시겠다고 약속을 하셨다. 그러나 무조건 주시는 것이 아니다. 여호수아 1장 3절에 보면, **'내가 모세에게 말한 바와 같이 너희 발바닥으로 밟는 곳은 모두 내가 너희에게 주었노니.'**라고 말씀하신다. 즉 조건이 있다는 말이다. 하나님께서 주시겠다고 약속은 하셨지만, 발바닥으로 밟는 곳을 주시겠다는 것이다. 그러니까 이스라엘 백성들이 약속의 땅을 소유하기 위해서는 계속해서 발바닥으로 밟아야 했다. 실제로 그 말씀을 하신 다음부터 이스라엘 백성들의 발바닥이 닿는 곳은 하나님의 역사가 일어난다. 요단 강물도 제사장들의 발바닥이 강물에 닿자 갈라졌다. 여리고성도 백성들의 발바닥으로 밟았을 때 무너져 내렸다. 즉 순종할 때마다 하나님의 인도하심이 성취되었다는 말이다. 이 원리는 계속되었다. 한 곳을 밟으면 하나님께서 그곳을 주셨다. 그리고는 그 다음 곳을 보여 주셨다. 그곳을 밟으면 주셨고 또 다음 곳을 보여주셨다. 즉 한 번에 한 걸음씩 하나님께서 백성들을 인도하셨다는 사실이다.

그러나 대단히 유감스럽게도 이스라엘 백성들은 하나님께서 약속하신 이스라엘의 모든 영토를 다 밟지를 못했다. 즉 한 번에 한 걸음씩 인도하시는 하나님께 순종하지 못했다는 말이다. 성도들은 삶의 영역에서 만나는 인생의 방향과 속도를 하나님께 인도받아야 한다. 하나님의 말씀을 통해서 인도받아야 하고 기도를 통해서 인도받아야 한다.

하나님의 인도하심을 받는 데 있어서 시작과 끝을 함께 보려고 해서는 안된다. 그것은 하나님의 방법이 아니다. 하나님은 한 번에 한 걸음씩 우리를 인도하신다. 그것도 한 걸음에 대한 순종이 있어야 그 다음 걸음을 인도하신다. 내가 하나님의 뜻대로 어떻게 살 것인가도 그렇고 내 사업을 어떻게 전개할 것인가도 그렇고 직장생활, 교회 봉사도 마찬가지다.

개인적인 간증이다. 내가 하나님을 믿고 신학을 공부하고 목회를 준비하는 과정은 그렇게 쉽지 않았다. 좌절의 순간도 여러 번 있었다. 그 때마다 나는 이 말씀을 붙잡았다. 이 말씀에 근거해서 '길의 철학'을 알게 하셨다. 하나님이 그 원리를 발견하게 하셨다. 즉 길을 보면 모든 길이 목적지

까지 보이지 않는다. 그러나 표지판을 따라 보이는 것만큼 씩 계속가면 결국은 목적지에 도달한다. 내 나름대로 이것을 '길의 철학'이라 부른다. 그 이후 인생길을 걸어가면서 어려울 때마다 보이는 곳까지만 갔다. 안 보이는 곳은 하나님께 맡겼다. 물론 이런 원리를 모든 삶의 난관에서 적용하지 못할 때도 있었다. 그 때마다 얼마나 힘이 들었는지 모른다. 그러나 이 원리를 붙잡을 때마다 하나님께서 도와주셨다.

그렇다. 앞길이 보이지 않을 때 오늘, 지금 하나님께서 인도하시는 그 한 걸음을 순종하면 된다. 천리만리 가는 것은 힘들지만 한 걸음은 누구나 내 딛을 수 있다. 한 걸음 순종하기만 하면 하나님께서 다음 걸음을 또 인도하신다. 이렇게 살 때 우리 인생의 방향과 속도를 하나님께 인도받는다. 인생의 목적지까지 보이지 않는다고 불평하는 것은 사탄의 시험에 빠지는 지름길이다. 하나님을 신뢰하지 않는 태도이다.

앞길이 막막한 분들이 있는가? 걱정하지 말고 오늘 주님이 허락하신 한 걸음만 가보라, 그것이 마당을 쓰는 것이든, 산책을 하는 것이든, 길가의 쓰레기를 줍는 것이든 한 걸음을 걸어 보라. 주님이 주시는 생각을 따라, 말씀을 따라 한 걸음을 내디디어 보라. 주님께서 다음 걸음을 반드시 인도하실 것이다.

절대적인 신뢰(왕상17:3-7)

엘리야는 하나님의 인도하심을 받았다. 하나님은 엘리야에게 동쪽으로 가서 요단 앞 그릿 시냇가에 가서 숨으라고 하셨다. 그렇게 할 때 하나님께서 까마귀들을 시켜 먹을 떡과 고기를 가져다주시겠다고 하셨다. 엘리야는 이 말씀을 들었을 때 즉시 순종했다.

그러나 이 말씀의 내용을 자세히 살펴보면 엘리야가 순종하기 쉽지 않은 말씀이다.

우선 이 그릿 시냇가가 문제다. 이 시냇가는 우리가 생각하는 초록이 우거지고 종달새가 노래를 부르며 물고기가 노니는 목가적인 휴식처, 캠핑하기 좋은 장소가 아니다. 이 그릿이라는 말은 '골짜기'라는 말이다. 쉽게 말하면 깊이 파인 큰 협곡을 일컫는 말이다. 이 협곡은 요단강 동쪽에 자리 잡고 있었다. 온갖 야생동물이 출몰하고 인적이 없는 곳이다. 어떤 일을 만날지 알지 못하는 곳이다. 그릿 시냇가는 사람들이 그렇게 쉽게 갈 수 있는 곳이 아니다. 엘리야의 마음에 쏙 드는 장소가 결코 아니다. 오히려 엘리야가 생각할 때, 가뭄을 피하고 배고픔을 피할 수 있는 더 좋은 장소가 분명히 있었을 것이다. 그러나 하나님은 분명하게 엘리야가 갈 곳을 지명하여 주셨다. 엘리야의 인생길의 정확한 방향을 보여주신 것이다. 바로 그릿 시냇가였다.

엘리야의 마음에 들지 않는 것은 그것뿐만이 아니었다. 본문에 보면 그릿 시냇가에서 가뭄을 피하는 동안 하나님은 까마귀들을 사용하셔서 엘리야에게 떡과 고기를 가져다 줄 것을 말씀하셨다. 왕상 17장 6절로 7절이다.

'6 까마귀들이 아침에도 떡과 고기를, 저녁에도 떡과 고기를 가져왔고 그가 시냇물을 마셨으나 7 땅에 비가 내리지 아니하므로 얼마 후에 그 시내가 마르니라'

이 까마귀가 문제다. 하나님은 새들을 정결한 것과 부정한 것으로 나눠 놓으셨는데 바로 이 까마귀는 정결하지 못한 새였다. 그래서 이스라엘 백성들은 까마귀를 좋아하지 않았다. 부정한 날짐승이었기 때문에 좋아하지 않았다. 그런데 이 까마귀를 통하여 음식을 날라다 주겠다고 하신 하나님의 말씀이 썩 마음에 들 리가 없었다.

우리 성도들이 하나님의 인도하심을 받을 때 이것을 명심해야 한다. 한 번에 한 걸음씩 인도하시는 하나님의 모든 인도하심이 다 우리의 마음에 드는 것은 아니라는 것이다. 때로는 우리 생각대로 하면 더 잘할 수 있다고 생각할 수 있다. 외형적으로 볼 때 그릿 시냇가보다 내가 선호하는 곳이 더 안전하고 유익할 수 있다고 생각하기도 한다. 이런 이유 때문에 많은 사람들이 하나님의 뜻에 순종하지 못한다. 설교와 말씀을 통하여, 기도를 통하여 하나님께서 우리의 길을 인도하실 때에 불순종하는 이유는, 하나님의 인도하심이 대부분 내 마음에 들지 않기 때문이다. 그래서 그릿 시냇가로 가지 않고 내가 더 좋다고 생각하는 보기 좋은 시냇가를 고집한다.

그러나 그릿 시냇가로 가지 않고 내가 더 옳다고 생각하는 곳으로 가면 하나님의 인도하심을 받을 수 없다. 하나님의 축복을 받을 수 없다. 왜 그런가? 하나님의 인도하심을 받는 까마귀가 다른 곳으로 가지 않기 때문이다. 하나님이 보내시는 까마귀는 떡과 고기를 물고 반드시 그릿 시냇가로만 갈 것이기 때문이다.

우리가 현재 서 있는 영적인 위치를 점검해야 한다. 하나님의 인도하심을 제대로 받고 서 있는 곳인가? 만일 우리가 말씀과 기도로 깨어 있다면 우리는 정확하게 하나님의 인도하심을 받을 것이다. 우리가 말씀과 기도로 깨어 있다면 하나님의 인도하심이 있는 그릿 시냇가에 서 있을 것이다. 그렇다면 분명하게 까마귀가 날아 올 것이다. 그 입에 떡과 고기를 물고 까마귀가 날아 올 것이다. 그 까마귀가 어디서 오는지는 알 수 없다. 분명한 것은 까마귀는 하나님의 명령에 순종하여 입에 신선한 떡과 고기를 물고 그릿 시냇가로만 날아온다는 사실이다.

하지만 우리가 현재 서 있는 곳이 하나님의 인도하심을 받는 그릿 시냇가가 아니고 내가 결정하고 내가 좋아하는 곳에 서 있다면 하나님이 보내시는 까마귀는 날아오지 않는다. 철야하고 금식하고 별짓을 다해도 까마귀가 오지 않을 것이다. 온갖 수고와 노력은 다 해도 열매가 없어 허덕이고 있다면 우리의 삶을 진지하게 점검해 보아야 한다.

따라서 우리는 하나님의 인도하심에 대하여 절대적인 신뢰를 가지고 있어야 한다. 한 번에 한 걸음씩 인도하시는 하나님의 인도하심에 어떤 일이 있어도 순종해야 한다. 이 순종이 어떻게 가능한가? 말씀과 기도로 깨어 있을 때 가능하다. 말씀과 기도에 깨어있지 않으면 하나님의 인도하심 자체를 알지 못한다. 혹시 하나님의 인도하심을 알았다고 해도 그릿 시냇가로 가지 못한다. 오히려 자신이 가뭄을 피하기에 더 안전하다 생각하는 다른 시냇가로 가게 되어 있다.

하나님은 당신의 백성들이 하나님만을 철저하게 신뢰하고 살아가기를 원하신다. 어떤 일이 일어나도 자신이나 환경을 의지하지 말고 하나님만을 의지하고 신뢰하기를 원하신다. 본문에 보면 이것을 보여주는 사건이 또 일어나고 있다. 7절을 다시 보자.

'땅에 비가 내리지 아니하므로 얼마 후에 그 시내가 마르니라.'

한 걸음씩 인도하시는 하나님의 인도하심에 순종하고 가뭄을 피하는 방법이 자신의 마음에 들지 않았음에도 불구하고 엘리야는 순종했다. 그래서 말씀하신대로 까마귀들이 떡과 고기를 물고 날아왔다. 그릿 시냇가의 협곡 분위기는 무섭고 마음에 들지 않았으나 엘리야는 하나님이 자신의 힘과 능력이심을 믿고 하루하루를 살았다.

그런데 갑자기 어떤 일이 일어났나? 그릿 시냇가의 물이 말라버렸다.

엘리야의 마음에 들지 않고 시험에 들 수 있는 일이 또 일어났다. 지금 엘리야의 생활을 보면 하나님의 인도하심 속에서 생활하고 있다. 부정한 짐승 까마귀를 통하여 놀라운 방법으로 식량이 해결되고 있다. 까마귀가 그릿 시냇가로 음식을 물고 오는 것은 기적이다. 즉 이 까마귀는 먹을 것을 보면 게걸스럽게 먹어치우는 새인데 그런 새가 그 본성을 절제하고 엘리야가 있는 그릿 시냇가까지 음식을 날라 오는 것이 기적이다. 그렇다면 비가 오지 않아서 아무리 날이 가문다고 해도 하나님께서 엘리야가 있는 그 시냇가만이라도 물이 마르지 않고 흐르게 하실 수는 없었을까? 하실 수 있다. 왜냐하면 하나님에게는 불가능한 일이 없기 때문이다. 그러면 왜 이렇게 하셨는가? 엘리야로 하여금, 자신의 인생을 인도하시는 능력의 하나님을 철저히 신뢰하게 하시려는데 목적이 있었다.

하나님을 어떻게 신뢰하게 하려는 것인가? 즉 하나님이 주시는 선물보다도 그 선물을 주시는 하나님만을 철저하게 믿고 의지하고 앙망하게 하시려는 것이다.

엘리야가 시냇가에 앉아서 그 시냇물이 말라가고 있는 것을 지켜보는 것은 그렇게 유쾌한 일이 아니었다. 그러나 하나님은 엘리야를 계속해서 훈련하고 계셨다. 즉 환경은 믿을 것이 못되며 오직 전능하신 하나님만이 신뢰의 대상이라는 것을 더 깊이 가르쳐 주시기 위함이었다. 왜냐하면 인생의 놀라운 축복과 행복이 여기 있기 때문이다.

성도가 하나님의 뜻대로 가고 있다고 해서 어려운 일이 일어나지 않는다고 생각하면 큰 오해다. 하지만 성도에게 일어나는 모든 어렵고 힘든 일은 축복의 전주곡이다. 변장되고 위장된 축복이다. 우리를 향하신 하나님의 궁극적인 목적은 하나님의 백성들이 다른 환경적인 요소를 믿는 것보다 오직 전능하신 하나님만을 신뢰하면서 살아가기를 원하신다. 즉 온전한 믿음의 사람, 믿음의 영웅들을 만드는 데 있다. 이런 이유 때문에 하나님은 우리에게 때로는 어렵고 힘든 환경을 일부러 허락하신다. 그리고 하나님을 신뢰함으로 그 어려움을 극복할 때 우리의 믿음이 성장한다. 위대한 믿음의 역사를 경험하게 하신다.

하나님은 우리의 걸음을 인도하신다. 올바른 방향과 속도로 인도하신다. 이런 인도하심을 제대로 받기 위해서 우리는 말씀으로 깨어 있어야 한다.

말씀으로 깨어 있다는 의미가 무엇인가?

첫째는 말씀을 제대로 아는 것이다. 왜냐하면 하나님의 기록된 말씀의 의미를 알지 못한다면 하나님의 인도하심을 받을 수 없기 때문이다. 하나님은 성경말씀을 통하여 우리의 발걸음을 인도하신다.

우리는 엘리야의 발걸음을 인도하시는 말씀을 볼 수 있다. 하나님은 이 기록된 말씀을 설교자로 하여금 성도들에게 선포하게 하심으로 말씀의 의미를 알게 하신다. 그러므로 우리는 하나님의 말씀을 공부하고 설교를 듣고 제자훈련 등을 통하여 부지런히 익혀야 한다. 이것은 우리 혼자 하는 것이 아니다. 성령께서 도와주신다.

둘째는 깨달은 말씀에 순종해야 한다.

깨달은 말씀에 순종하는데 방해되는 요소가 무엇인가? 다름 아닌 내 자신이다.

마태복음 16장 24절로 25절이다.

'24 이에 예수께서 제자들에게 이르시되 누구든지 나를 따라오려거든 자기를 부인하고 자기 십자가를 지고 나를 따를 것이니라 25 누구든지 제 목숨을 구원하고자 하면 잃을 것이요 누구든지 나를 위하여 제 목숨을 잃으면 찾으리라'

순종하지 않는 이유는 '자기부인'이 없기 때문이다. '자기 십자가를 지지 않기' 때문이다.

즉 하나님의 말씀을 순종하는 일에 내 생각, 내 주장이 계속 반대한다. 계속 그렇게 가면 어떻게 되겠는가? 씨 뿌리는 비유에 나오는 길가, 돌밭, 가시떨기 밭이 되어서 망한다.

하나님의 말씀에 순종하는 것도 걱정할 필요가 없다. 왜냐하면 이것도 성령님께서 도와주시기 때문이다. 어떻게 성령의 도움을 받을 수 있는가?

바로 기도다. 기도로 성령의 도우심을 요청하라. 우리 안에서 우리를 위하여 중보기도하시는 성령님께서 도와주신다.

그 결과 하나님은 우리의 길을 인도하신다. 한 번에 한 걸음씩 인도하신다. 여기 우리의 행복이 있고 축복이 있다. 왜냐하면 하나님이 인도하시는 그릿 시냇가에만 하나님의 양식을 가진 까마귀들이 날아오기 때문이다. 따라서 하나님의 백성에게 가장 중요한 것은 우리의 인생길을 한 걸음 한 걸음 인도하시는 하나님을 온전히 믿고 온전히 신뢰하는 것이다.

하나님은 이것을 가능하게 만들기 위하여 당신의 백성들을 훈련시키신다. 잘 흐르던 시내가 마르게도 하셔서 당신의 자녀들이 환경을 의지하는 것이 아니라 그 환경을 다스리시는 하나님을 의지하고 신뢰하도록 하신다.

우리의 삶이 환경을 의지하지 않고 하나님만을 온전히 신뢰하게 될 때 우리의 인생은 대성공을 거둘 수 있다. 하나님은 그런 사람을 놓치지 않으신다. 시대의 어둠을 밝히는데 요긴하게 사용하신다.

1. 이 세상에서 가질 수 있는 소망에 대하여 나눠보라.

2. 신명기 11장 13-17절에 근거한 엘리야의 기도에 대하여 나눠보라.

'13 내가 오늘 너희에게 명하는 내 명령을 너희가 만일 청종하고 너희의 하나님 여호와를 사랑하여 마음을 다하고 뜻을 다하여 섬기면 14 여호와께서 너희의 땅에 이른 비, 늦은 비를 적당한 때에 내리시리니 너희가 곡식과 포도주와 기름을 얻을 것이요 15 또 가축을 위하여 들에 풀이 나게 하시리니 네가 먹고 배부를 것이라 16 너희는 스스로 삼가라 두렵건대 마음에 미혹하여 돌이켜 다른 신들을 섬기며 그것에게 절하므로 17 여호와께서 너희에게 진노하사 하늘을 닫아 비를 내리지 아니하여 땅이 소산을 내지 않게 하시므로 너희가 여호와께서 주신 아름다운 땅에서 속히 멸망할까 하노라'

3. 말씀과 기도가 인생의 방향, 속도와 어떤 연관성이 있는지를 나눠보라.

4. 하나님이 인도하시는 '보이는 데까지의 한 걸음'에 대하여 나눠보라.

5. 엘리야에게 '그릿 시냇가로 가라'고 말씀하시는 하나님의 의도를 나눠보라.

기도

1. 토의 내용을 통하여 하나님께 찬양하고 감사하며 고백하고 회개하라.

2. 토의 내용을 통하여 주신 기도제목을 가지고 간구하라.

3

사르밧

(왕상17:8-16)

우상숭배와 타락으로 인하여 나라가 풍전등화처럼 어지럽고 위기에 처했음에도 불구하고 하나님은 이스라엘을 버리지 않으셨다. 오히려 선지자 엘리야를 세워서 이스라엘이 회개할 수 있도록 기회를 주셨다. 하나님은 당신의 백성들을 사랑하신다. 우리 모두를 사랑하신다. 사랑도 대충 하시는 사랑이 아니다. 포기하지 않는 사랑, 대가를 바라지 않는 사랑, 우리를 향하신 하나님의 사랑은 무궁한 사랑이다. 이런 이유로 우리가 하나님의 뜻을 따라 살지 않고 우리 마음대로 살면 하나님은 징계라는 방법으로 사랑을 표현하신다. 하실 수 있는 모든 방법을 동원하셔서 우리로 하여금 하나님의 뜻 안으로 돌아오도록 이끌어 주신다.

우리가 이 땅에 살면서 하나님의 뜻대로 살아야 할 이유는 우리의 마땅한 본분이기 때문이다. 뿐만 아니라 하나님께서 정해 놓으신 그 길만이 우리의 행복을 보장하기 때문이다. 하나님의 뜻을 벗어나서 살면, 겉으로 볼 때는 자유가 있는 것 같고 행복할 것 같지만 그렇지 않다. 그 길은 파멸의 길이요 불행의 길이다. 하나님의 말씀대로 살아가는 것만이 우리를 행복하게 한다. 인생의 보람과 낙을 누리게 한다.

이스라엘의 역사에 있어서 선지자가 등장한다는 것은 문제가 있다는 말이다. 문제가 없을 때는 선지자가 등장하지 않는다. 구약성경에 등장하는 선지자들은 거의 문제를 지적하시는 하나님의 말씀을 듣고 이스라엘 백성들 앞에 나타났다. 이사야, 예레미야, 에스겔, 엘리야, 호세아, 스가랴 등 모두가 그렇다.

엘리야 역시 백성들이 심각한 우상숭배의 죄에 빠져 하나님을 떠났을 때 하나님께 쓰임 받았다. 백성들이 회개하고 돌아오도록 하나님의 심부름꾼으로 백성들에게 나타난 선지자였다. 하나님께 쓰임 받았던 엘리야를 통하여 배울 수 있는 교훈이 너무나 많다. 그것은 엘리야가 하나님의 심부름꾼으로 쓰임 받는 과정 과정이 오늘 우리들과 밀접하게 연관되어 있기 때문이다. 엘리야가 하나님께 쓰임 받을 때의 마음가짐, 하나님의 말씀에 순종하는 엘리야의 행동을 볼 때 귀중한 믿음의 본을 보여주기 때문이다.

본문 말씀의 요지가 무엇인가? 엘리야는 우상숭배에 빠진 이스라엘을 책망하고 그 당시 왕이었던 아합 왕에게 경고했다. 엘리야는 아합 왕에게 자신이 기도하기 전에는 비가 오지 않을 것이라고 경고했다. 경고한 후에 하나님은 엘리야를 그릿 시냇가로 인도하셨다. 엘리야는 하나님의 말씀대로 그릿 시냇가로 가서 가뭄과 기근을 보내고 있었다. 그릿 시냇가는 가뭄과 기근을 피할 수 있는 적합한 장소가 아니었다. 생명에 위험을 주는 독사와 전갈 그리고 야생동물들이 서식하는 곳이었다. 그러나 하나님께서 가라고 하셨으므로 엘리야는 순종했다. 하나님은 엘리야에게 그릿 시냇가로 가면 먹는 문제를 비롯한 모든 것을 해결해 주시겠다고 말씀하셨다. 여러 가지 위험이 있었지만 엘리야가 그릿 시냇가로 갔을 때, 하나님은 약속하신대로 까마귀를 통하여 떡과 고기를 가져다주었다.

엘리야는 신기한 방법으로 가뭄과 기근을 극복하고 있었다. 그런데 다시 한 번 문제가 생겼다. 그것은 바로 극심한 가뭄으로 그릿 시내에 흐르던 물마저 말라버린 것이다. 하나님께서 가라고 해서 간 곳인데, 그래서 다른 곳은 몰라도 그릿 시냇가만은 물이 계속 흐를 것이라고 생각했었는데, 물이 마른 것이다. 엘리야는 다시 문제에 직면하게 되었다.

행동원리(왕상17:8)

이런 현상은 이 땅에 살고 있는 성도들에게도 흔히 만날 수 있는 일이다. 하나님의 뜻대로 순종하며 하나님의 방법대로 살아가고 있는데도 내 마음에 들지 않는 일들이 일어난다. 이런 상황을 만나면 당혹스럽다. 하나님 앞에 특별히 잘못한 것이 있는지 되돌아보게 된다.

성도는 어떤 일이 있어도 하나님의 말씀의 원리에 따라 순종하며 살아가야 한다. 말씀에 순종하는 삶을 위하여 성경을 잘 살피고 진리를 배워야 한다. 하나님의 말씀을 바르게 아는 성도들도 많고 반대로 하나님의 말씀을 바르게 알지 못하는 성도들도 많다.

또 알고 있다 해도 말씀에 순종하지 않을 때가 많다. 하나님의 말씀에 무지하며 그 말씀에 순종하지 못하는 삶은 손해 보는 인생을 살 수 밖에 없다. 성도는 어떤 일이 있어도 하나님의 말씀을 알아야 하고 말씀에 따라 순종하는 삶을 살아야 한다. 순종할 때 하나님을 더 알 수 있고 하나님께 영광 돌리는 삶을 살게 된다.

중요한 것은 순종하는 삶을 산다고 해서 다 마음에 드는 일만 일어나지 않는다는 사실이다. 이것은 우리가 일상에서 흔히 경험하는 것이다. 부족하지만 말씀대로 살려 애를 쓴다. 그러다보니 하나님이 보내주신 까마귀도 자주 보게 된다. 신앙의 간증거리이다. 재미있고 신기하다. 말씀대로 사는 삶의 묘미를 느낀다. 그래서 주님의 일에 더 열심을 내며 다른 사람들에게 간증도 한다. '믿음생활을 했더니 하나님께서 이렇게 축복해주셨다'고 자신 있게 간증도 한다. 순종했더니 까마귀가 떡과 고기를 날라다 준다고 간증한다. 아주 정상적인 신앙생활의 모습이다. 우리는 하나님의 말씀대로 살았을 때 베풀어 주시는 여러 가지 하나님의 축복에 대하여 간증할 수 있어야 한다.

주일성수와 십일조를 제대로 했더니 하나님께서 이러이러한 축복을 주셨다고 말할 수 있어야 한다. 복음 전하는 삶에 헌신했더니 하나님께서 우리의 사업과 가정과 자녀들에게 이러이러한 축복을 하셨다고 간증할 수 있어야 한다. 왜냐하면 하나님이 순종하는 성도들에게 그런 복을 주시기 때문이다.

문제는 주일성수도 제대로 하고 십일조 생활도 빈틈없이 하는데, 갑자기 그릿 시냇가가 말라버리는 것이다. 그릿 시냇가가 마르면 까마귀도 소용없다. 까마귀가 아무리 많은 떡과 고기를 물어다 준들 물이 없으면 무용지물 아닌가?

제대로 흘러가던 사업의 문이 막힌다. 불법을 저지르면서 사업을 한 것도 아닌데, 문제가 생긴다. 잘 다니던 직장에 문제가 생기기도 한다. 불성실하게 일한 것도 아닌데 이해가 되지 않는다. 가정에도 이상한 조짐들이 보이기 시작한다. 자녀들의 행동이 말로 설명이 되지 않는다. 답답하기 이를 데 없다.

우리의 삶에 이런 증상들이 나타나면 당황하게 된다. 우리가 하나님 앞에 무엇을 잘못해서 이런 일이 일어난 것인가 하고 점검도 해 본다. 점검해 보는 것은 아주 중요하고 필요하다. 실제로 하나님 앞에 바르지 못해서 그런 일들이 일어날 수 있기 때문이다.

그러나 아무리 점검해 봐도 특별한 문제를 발견할 수 없다면, 그때 대부분 당황한다. 눈앞이 캄캄해진다. 하나님은 모든 것을 주관하시는 분이신데, 왜 우리에게 이런 어려움을 허락하셨는지에 대하여 의아해한다.

그러므로 우리는 우리 자신뿐만 아니라 어려움을 당하는 이웃을 쉽게 판단해서는 안된다. 어려움을 당하는 삶의 현장에는 하나님의 깊은 섭리가 반드시 있기 때문이다. 우리가 믿음생활을 하면서 정신을 차려야 할 것은 자신의 믿음생활을 바르게 하는데 전심전력해야 한다는 사실이다. 다른 사람들에 대하여 왈가왈부 할 정도로 오지랖이 넓은 것은 자신의 문제도 바르게 볼 수 없게 만든다.

이런 현상을 경험하신 분들이 있는가? 즉 나름대로 바르고 정상적인 믿음생활을 하고 있는데 시냇가가 마르는 일을 겪은 분들이 있는가? 아니면 지금 이런 현상을 경험하고 있는 분들이 있지는 않은가? 그렇다면 이런 경우에 우리가 신앙적으로 하나님 앞에서 어떻게 대처해야 하는가?

우리는 엘리야에게서 그 비결을 배울 수 있다. 엘리야의 위대성이 여기에 있다. 엘리야는 자신에게 일어나는 모든 상황에 대하여 언제나 하나님의 뜻을 찾는 사람이었다. 엘리야는 그릿 시냇가가 말랐을 때, 다른 행동을 하지 않았다. 그릿 시냇가로 가라고 하시고서 시냇물을 마르게 하시면 어떻게 하느냐고 하나님께 불평이나 원망을 하지 않았다. 섬기던 봉사도 그만두겠다고 말하지도 않았다. 또 지금부터는 교회에 그만 나가야 하겠다고, 신앙생활을 포기해야 하겠다는 어리석은 결심도 하지 않았다.

그럼 무엇을 했는가? 하나님을 기다렸다. 하나님의 말씀을 기다렸다. 하나님께 기도하면서 하나님의 뜻을 구했다. 어떻게 그것을 알 수 있는가? 본문 8절이 알려준다.

'여호와의 말씀이 엘리야에게 임하여 이르시되'라고 기록하고 있다.

이것은 시냇물이 마르자마자 엘리야가 고민할 틈도 없이 하나님께서 엘리야에게 즉시 말씀을 주신 것이 아니다. 엘리야에 대한 말씀을 기록하고 있는 열왕기상 17장에 보면, **'여호와의 말씀이 엘리야에게 임하여 이르시되'**라는 말씀이 계속 나온다. 왕상17장 2절에도 나왔다. 이 표현은 상황이 바뀔 때마다 엘리야가 하나님께 말씀을 구하며 하나님의 뜻을 구했을 때 하나님께서 주셨다는 뜻이다.

어떻게 그것을 알 수 있는가? 엘리야가 그렇게 하지 않아서 큰 낭패를 본 일이 있다. 엘리야도 상황이 갑자기 변했을 때 평소처럼 하나님의 뜻을 구하지 않은 적이 있다.

열왕기상 19장에 보면, 엘리야가 아합 왕의 왕비 이세벨에게 쫓겨 도망칠 때, 하나님의 말씀이 엘리야에게 임했다는 말씀이 나오지 않는다. 하나님의 뜻을 구하지 않고 자기 맘대로 도망쳤다는 말이다. 그 결과 엘리야는 하나님 앞에서 중언부언한다. 이 세상에서 더 이상 살기 싫다고 하나님께 말한다. 심지어 하나님께 자신을 죽여 달라고 말하기도 한다. 이것은 엘리야가 상황이 바뀌었을 때 하나님의 뜻을 구하는 데 실패했다는 말이다. 하나님의 뜻을 구하지 않고 하나님의 뜻대로 행하지 못했을 때, 엘리야는 실패할 수밖에 없었고 좌절과 절망에 빠지게 되었다.

그러나 엘리야의 생애 대부분에 있어서 환경의 변화가 일어날 때에는, 하나님의 뜻을 구하고 하나님의 말씀을 기다렸다. 조용히, 그리고 집요하게 하나님의 뜻을 찾았다. 하나님을 기다렸다. 하나님만을 전심으로 의지하고 어떻게 해야 할지 어디로 가야할 지에 대하여 하나님의 인도하심을 기다렸다. 그렇게 했을 때 여호와의 말씀이 엘리야에게 임한 것이다.

우리가 예수님을 믿고 하나님의 자녀들이 되었다면 이 교훈을 명심해야 한다. 우리의 환경에 변화가 일어나고 어떻게 행하며 어디로 가야할지를 모를 때 우리는 주님 앞에 나와서 겸손히 무릎을 꿇어야 한다. 갈 길을 보여주시고 인도해 달라고 기도해야 한다. 하나님만이 우리 인생의 제대로 된 길을 아시는 분임을 고백하고 도움을 요청해야 한다. 우리가 겸손하게 주님을 의지할 때 하나님은 분명하게 갈 길을 보여주신다. 우리의 길을 인도하여 주신다. 본문인 열왕기상 17장 2절, 8절 말씀처럼, **'여호와의 말씀이 임할 것'**이다. 깨닫게 하시고 인도해 주실 것이다. 그렇게 할 때만 우리는 그릿 시냇가를 말려버린 극심한 인생의 가뭄을 극복할 수 있는 지혜를 하나님께로부터 얻게 된다.

우리가 기도로 하나님을 의뢰하지 않고 우리의 생각대로만 움직인다면 우리는 그릿 시냇가를 말려버린 극심한 인생의 가뭄을 극복하지 못할 것이다. 하나님이 주신 신앙성장의 기회를 살리지 못할 것이다. 그러므로 우리 모두가 언제나 기도로 깨어 있어야 한다. 그래서 우리 인생의 길이 되시는 예수님과 함께 걸어가는 복을 받아야 한다.

주님의 말씀을 따라(왕상17:9)

그릿 시냇가를 말려버린 극심한 가뭄 앞에서 멋진 신앙인 엘리야는 확신을 갖고 하나님의 뜻을 구했다. 그런 엘리야에게 '여호와의 말씀'이 임했다. 그 말씀이 바로 열왕기상 17장 9절이다. **'너는 일어나 시돈에 속한 사르밧으로 가서 거기 머물라 내가 그 곳 과부에게 명령하여 네게 음식을 주게 하였느니라.'**

하나님의 인도함을 받아 머물던 그릿 시냇가는 위험한 곳이었다. 독사도 있고 늑대나 이리도 나타나는 그런 곳이었으므로 그릿 시냇가에 가서 머무는 것은 단순한 일이 아니었다.

그러나 9절 말씀을 보면 그릿 시냇가는 차라리 쉬운 곳이다. 9절에서 말씀하고 있는 사르밧이라는 곳은 정말로 가기 싫은 곳이다. 이 사르밧이 어디인가? 시돈이라는 지역에 속해 있다고 말씀하고 있다. 이 시돈이 어디인가? 바로 이스라엘의 왕이었던 아합, 그 왕비 이세벨의 고국이었다. 엘리야는 아합 왕에게 나아가서 우상 숭배 죄를 경고했다. 아합 왕의 우상 숭배 죄 때문에 하나님께서 가뭄으로 이스라엘을 심판하신다고 말했다. 그런데 그 우상 숭배의 중심에 누가 서 있었는가? 아합 왕의 부인인 이세벨이다. 시돈이 어떤 나라인가? 바로 이세벨의 고국이다. 시돈나라 공주인 이세벨에게 미운 털이 박힐 대로 박혀 있는데, 하나님께서는 엘리야에게 그 이세벨의 나라로 가서 가뭄을 피하라고 말씀하셨다.

이 사실이 알려지면 어떤 일이 벌어질 것인가? 굳이 설명할 필요도 없다. 아마 이세벨 왕비가 시돈 왕인 자기 아버지에게 연락을 할 것이다. 자신들이 섬기는 바알신앙이 이제 막 이스라엘에서 자리를 잡아 꽃 피기 시작했는데, 그 신앙을 위협하는 하나님의 선지자가 아버지 나라에 숨어들었다고 하면, 인간적으로 볼 때 엘리야의 생명에 큰 위기가 닥칠 것이 뻔했다.

이런 것을 보면 피조물인 우리는 하나님의 속을 쉽게 알 수가 없다. 죽겠다고 소리치는 사람에게 죽으라고 하는 것 같다. 방이 더워서 땀을 뻘뻘 흘리며 잠자는 사람에게 실내의 온도를 더 높이는 것과 같다.

열왕기상 17장 9절에서 엘리야가 피난할 장소로 말씀하시는 '사르밧'이라는 말의 뜻을 보면 더 의미심장하다. 이 사르밧이라는 말의 뜻은 '용광로'다. 다시 말해서 하나님은 엘리야에게 어디로 들어가라고 말씀하고 있는 것인가? 용광로로 들어가라고 말씀하신다.

우리가 문제가 생겨서 하나님께 기도할 때 잊지 말아야 할 교훈이다. 우리는 문제가 있을 때 기도하면 하나님께서 피할 길을 주신다고 믿고 있다. 맞다. 틀림없이 피할 길을 주신다. 하나님은 분명히 당신의 백성들에게 피할 길을 주신다. 피할 길을 주셔서 우리로 하여금 승리하게 하신다. 문제는 그 피할 길이 이렇게 우리의 상식에 맞지 않고 우리의 마음에 전혀 들지 않을 때도 있다는 사실이다.

오늘 혹시 이런 용광로의 고난 속에 있는 성도들이 있는가? 낙심하지 말아야 한다. 절망하지 말아야 한다. 하나님은 주권자이시다. 우리에게 일어나는 작은 일까지 모두 아신다. 관리하고 계시고 주관하고 계신다. 우리에게 합력하여 선을 이루시기 위하여 의도적으로 허락하신 것들이다. 힘들고 어려워도 주님을 바라보고 주님의 때를 기도하면서 기다리리라.

열왕기상 17장 9절에 보면 감사한 말씀이 이어서 나온다.

'너는 일어나 시돈에 속한 사르밧으로 가서 거기 머물라 내가 그 곳 과부에게 명령하여 네게 음식을 주게 하였느니라.' 하나님의 말씀은 분명하다. 사르밧으로 가면 그곳 과부에게 명하여 먹여 살리고 가뭄을 극복하게 하시겠다는 것이다. 하나님은 엘리야에게 그릿 시냇가로 가라고 하실 때도 까마귀를 보내서 먹여 살리겠다고 하셨고 이번에는 누구를 통해서 의식주를 책임지시겠다고 말씀하고 있는가? 그렇다. 과부다. 하나님은 그곳에 사는 한 과부를 사용하셔서 먹여 살리겠다고 분명하게 말씀하셨다. 할렐루야!

사르밧이 이세벨의 나라라고 해도 상관없다. 사르밧이 용광로라고 해도 괜찮다. 하나님이 먹이시면 우리가 먹을 수 있다. 하나님이 살리시면 살아나는 것이고 우리가 살 수 있다.

문제를 만나고 환경이 어려워질 때, 우리가 하나님께 기도하면 하나님은 우리를 인도하신다. 잠언 3장 5절로 6절에 보면, **'5 너는 마음을 다하여 여호와를 신뢰하고 네 명철을 의지하지 말라 6 너는 범사에 그를 인정하라 그리하면 네 길을 지도하시리라'**고 말씀하셨다. 그렇다. 우리 하나님은 당신의 백성들의 길을 아주 분명하게 인도하시고 지도하신다. 이 말씀을 보면 마음을 다하여 여호와를 신뢰하라고 말씀하신다. 기도하고 기다리라는 것이다. 그러면 우리의 길을 지도하시겠다고 하신다.

문제는 하나님께서 당신의 백성들을 인도하시는 방법이 우리의 상식과 다른 때가 있다는 사실이다. 달라도 너무나 다를 수 있음을 잊지 말아야 한다. 엘리야의 입장에서 볼 때 시돈의 사르밧으로 가라는 말씀은 도저히 이해가 되지 않을 수 있다. 말도 되지 않는다고 생각할 수 있었다. 그러나 엘리야는 순종했고 용광로로 들어갔다.

이유가 무엇인가? 엘리야는 그릿 시냇가에서 이미 배웠다. 하나님의 인도하심을 경험했다. 자신의 생각과 달랐지만, 순종했을 때 까마귀의 기적을 체험했다.

우리도 마찬가지다. 하나님의 인도하심이 내 생각과 다르고 세상 방법이나 세상 상식과 다르다고 해도 순종할 이유가 여기 있다. 작은 순종은 큰 순종의 기반이 된다. 한 번 순종하여 간증거리가 생길 때 더 큰 순종도 가능해진다. 이처럼 순종에는 하나님의 섭리와 뜻이 있다. 순종을 통하여 전능하신 하나님을 경험하게 된다. 전능하신 하나님을 경험함으로 능력 있는 하나님의 사람이 되게 하신다.

사실 하나님의 인도하심에 순종할 때 이겨내는 인생의 가뭄은 우리의 믿음을 강건하게 한다. 환경을 신뢰하는 단계에서 환경을 주관하시는 하나님을 신뢰하게 만든다. 그런 강력한 믿음이 자리 잡게 될 때 오직 하나님만을 의지하고 신뢰하게 된다. 내 소견보다 하나님의 소견을 더 따르는 믿음의 사람으로 성숙해진다.

이렇게 되면 어려운 삶의 문제가 나를 힘들게 할 때 기도할 수 있는 믿음의 여유가 생긴다. 기도할 때 붙잡을 수 있는 분명한 말씀이 생각나게 하신다. 어떻게 행해야 할 것인지에 대한 통찰력도 주신다. 내 마음에 맞든지 맞지 않든지 신경 쓰지 않는다. 내 생각에는 다르게 하는 것이 더 좋을 듯 싶어도 하나님의 인도하심을 따라간다. 우리 믿음의 성숙도가 중요한 이유다. 믿음이 성숙하지 않으면 자기 소견대로 행하다가 낭패를 당한다. 문제가 더 꼬인다. 자신의 지혜를 내려놓지 못한다. 하나님의 인도하심이 있다면 내 마음에 맞든지 맞지 않든지 따라가야 한다. 하나님이 인도하시는 사르밧으로, 용광로로 속히 가야 한다. 그 길만이 문제해결의 지름길이기 때문이다.

그렇다면 하나님께서 당신의 백성들을 인도하실 때 왜 우리의 뜻과 다른 쪽으로도 인도하시는 것인가? 왜 사르밧으로 인도하시는 것인가? 사르밧이 무슨 뜻이라고 했는가? 그렇다. 용광로다. 용광로는 무엇을 할 때 쓰는 물건인가? 용광로는 쇠를 녹일 때 사용한다. 용광로는 쇠를 녹이는 곳이다. 왜 쇠를 용광로에 집어넣어서 녹이는가? 이물질을 제거하고 쇠를 부드럽게 만들어 주인이 쓰기에 합당하도록 하기 위함이다. 그렇게 할 때 더 강하게 되기도 하고 유용한 도구를 만들 수 있기 때문이다.

그렇다. 하나님은 우리가 시간이나 축내고 밥이나 축내면서 살아가는 사람들이 되기를 원치 않으신다. 우리는 우리 자식들에 대하여 어떤 기대를 가지고 있는가? 우리의 자식들이 이 땅에서 의미 없는 삶을 살기를 원하는가? 아닐 것이다. 아이들이 싫다고 하는데도, 이 학원 저 학원 반 강제로 비싼 돈 들여서 보내는 이유가 무엇인가?

우리를 향하신 하나님의 소원이 있다. 우리를 제대로 된 사람으로 만들고 싶으신 것이다. 이 땅에 살면서 소금과 빛의 사명을 감당하는 사람으로, 천국에서는 해 같이 빛나는 사람으로 빚으시려는 것이다. 그렇게 멋진 사람으로 빚으시기 위하여 반드시 필요한 것이 무엇인가? 하나님이 예비하신 용광로다. 사르밧이다. 용광로를 통하여 예수님을 닮은 믿음의 사람으로 훈련하시고 연단하시고 새롭게 빚어 가신다.

따라서 우리는 하나님이 인도하시는 대로 순종해야 한다. 내 마음에 들지 않는 용광로를 볼 수 있어야 한다. 이 용광로를 아무에게나 주지 않는다. 예수님을 믿는 신앙생활을 엉망으로 하는데도 불구하고 아무런 용광로가 없다면 구원을 의심해 봐야 한다. 사르밧, 즉 용광로는 하나님의 지혜다. 성도들은 용광로 안에서 새롭고 멋진 피조물로 다듬어진다. 예수님을 닮은 멋진 믿음의 사람이 된다. 이렇게 연단 받고 훈련받게 될 때 망해 가는 나라에 소금과 빛의 역할을 했던 엘리야처럼 하나님께 위대하게 쓰임 받게 될 것이다.

순종의 결과(왕상17:10-16)

드디어 엘리야는 하나님의 말씀에 순종하여 사르밧으로 향했다. 엘리야가 머물고 있던 그릿 시냇가에서 사르밧까지는 약 250리 정도다. 서울에서 평택 정도가 될 것이다. 엘리야는 이제 하나님의 말씀만을 견고히 붙잡고 갈 뿐이다.

가다가 시돈 군인들에게 검문에 걸려서 잡힌다든지, 강도를 만난다든지 하는 것은 하나님께 맡기고 오직 하나님이 말씀하신 누구만을 생각하면서 갔을까? 그렇다. 표현이 좀 이상하지만 사르밧에 살고 있는 과부다.

사실 사르밧에 가서 이름도 얼굴도 모르는 과부를 만난다는 것은 서울에 가서 아무개 찾는 것과 마찬가지다. 하나님께 과부의 인적사항을 더 자세하게 알려달라고 할 수도 있었으나 엘리야는 하나님의 말씀 하나만 붙잡고 출발했다. 실제로 엘리야는 과부에 대하여 여러 가지 생각을 하면서 갔을 것이다. 그래도 앞으로 남은 짧지 않은 가뭄을 이기려면 어떤 과부를 만나는 것이 유리하겠는가? 돈 없는 과부보다는 돈 많은 과부가 더 나을 것이라 생각했을 수도 있다.

하지만 이것은 인간적인 생각이다. 우리의 단순한 생각일 수 있다. 하나님의 생각은 전혀 달랐다. 열왕기상 17장 10절로 12절이다.

'10 그가 일어나 사르밧으로 가서 성문에 이를 때에 한 과부가 그 곳에서 나뭇가지를 줍는지라 이에 불러 이르되 청하건대 그릇에 물을 조금 가져다가 내가 마시게 하라 11 그가 가지러 갈 때에 엘리야가 그를 불러 이르되 청하건대 네 손의 떡 한 조각을 내게로 가져오라 12 그가

이르되 당신의 하나님 여호와께서 살아 계심을 두고 맹세하노니 나는 떡이 없고 다만 통에 가루 한 움큼과 병에 기름 조금 뿐이라 내가 나뭇가지 둘을 주워다가 나와 내 아들을 위하여 음식을 만들어 먹고 그 후에는 죽으리라'

엘리야가 사르밧으로 갔을 때 하나님은 순종하는 엘리야를 위하여 말씀하신 과부를 어렵지 않게 만나게 하셨다. 그렇다. 말씀에 순종하기만 하면 그 다음부터는 어렵지 않다. 순종하는데 까지 힘들어서 그렇지 일단 순종하려고 발을 움직이고 손을 움직이면 성령님의 도움의 역사가 일어난다. 엘리야는 과부를 어렵지 않게 만났다.

내 마음에 들지 않아도 그것이 하나님의 인도하심이라면 순종하기 위하여 한 걸음 움직여 보라! 성령님께서 도와주신다. 손을 움직여 보라! 성령님의 역사를 믿고 움직일 때 믿음의 위대한 역사를 일으켜 주신다.

엘리야는 하나님께서 예비하신 과부를 어렵지 않게 만났다. 그러나 문제는 하나님께서 만나게 해 주신 과부는 우리의 기대와 전혀 달랐다. 돈 많은 과부가 아니었다. 정 반대로 가난한 과부, 그것도 먹을 것이 없어서 굶어죽기 일보 직전의 가난한 과부를 만나게 하셨다. 이 과부는 나무를 줍고 있었다. 돈 많은 과부라면 직접 나무를 줍지 않았을 것이다. 엘리야는 물 한 그릇을 달라 부탁하고 먹을 떡이 있으면 좀 달라고 했다. 그랬더니 이 과부가 하는 말이 참 안타깝다. 자기 집의 밀가루 통에는 겨우 한 번 떡을 만들어 먹을 분량과 그 떡을 만들어 먹는데 필요한 기름 조금 밖에는 없다고 대답했다. 그러면서 지금 나무를 줍고 있는 것으로 아들과 함께 마지막 식사를 만들어 먹은 다음에는 굶어죽을 수밖에 없다고 대답했다.

엘리야는 이 과부가 장차 자신을 공궤할, 자신을 먹여 살릴 과부임을 알았다. 어떻게 알았을까? 하나님께서 가르쳐주셨다. 무엇을 보고 그 사실을 알 수 있는가?

왕상 17장 13절로 14절이다. **'13 엘리야가 그에게 이르되 두려워하지 말고 가서 네 말대로 하려니와 먼저 그것으로 나를 위하여 작은 떡 한 개를 만들어 내게로 가져오고 그 후에 너와 네 아들을 위하여 만들라 14 이스라엘의 하나님 여호와의 말씀이 나 여호와가 비를 지면에 내리는 날까지 그 통의 가루가 떨어지지 아니하고 그 병의 기름이 없어지지 아니하리라 하셨느니라.'**

하나님께서 엘리야에게 말씀하시는 모습은 기록되어 있지 않아도 이 내용을 보면 분명하게 이 과부임을 말씀해 주신 것이다.

엘리야는 그 과부에게 두려워하지 말라고 말씀하고 있다. 그 과부가 왜 두려워했는가? 식량이 없어서 두려웠다. 이제 아들과 함께 떡 하나 만들어 먹고는 죽어야 한다는 현실이 두려웠다. 그러나 하나님께 순종하는 위대한 선지자 때문에 이 과부와 아들은 두려움에서 해방되었다.

이 말씀은 중요한 교훈을 우리에게 준다. 즉 우리가 하나님께 순종하는 삶을 살 때 우리 때문에 우리 주변에 있는 사람들이 살아난다. 내 가족이 살고 내 자녀가 살고 내 부모님이 살고 내 이웃이 산다. 그들이 생명을 얻는다. 두려움에서 해방되고 평안과 기쁨을 얻는다. 그러나 우리가 불순종하는 삶을 산다면 우리의 이웃을 살리기는커녕 내 자신도 죽게 되어 있다.

엘리야는 두려워하던 그 과부에게 '두려워 말라'고 말한다. 그리고 떡을 굽되 먼저 엘리야 자신을 위하여 작은 떡 하나를 만들어 달라고 한다. 이것은 어려운 요청이 아니었다. 왜 그런가? 그냥 작은 떡 하나 더 만들면 되는 것이다. 자신들의 몫이 좀 줄어드는 것이다. 다 만들어 달라고 해도 좀 일찍 죽느냐 늦게 죽느냐 하는 문제다. 더구나 엘리야는 그 과부에게 기쁜 소식을 말했다. 즉 하나님께서 그 과부의 집에 있는 밀가루 통과 기름병에서 가뭄이 끝나기까지 계속해서 가루가 나오고 기름이 나오게 하실 것이라고 말했다. 구약의 오병이어의 기적이 일어날 것을 말씀하고 있는 것이다.

과부는 엘리야의 말을 순종했다. 엄밀히 말해서 여기 과부가 어떤 마음으로 엘리야에게 순종했는지는 알 수가 없다. 엘리야와 같은 하나님을 믿는 신앙으로 그랬는지 아니면 밑져봐야 본전이라는 생각으로 했는지 모른다. 중요한 것은 엘리야가 하라는 대로 했다는 사실이다. 그러자 어떤 일이 벌어졌는가? 열왕기상 17장 15절로 16절이다.

'15 그가 가서 엘리야의 말대로 하였더니 그와 엘리야와 그의 식구가 여러 날 먹었으나 16 여호와께서 엘리야를 통하여 하신 말씀 같이 통의 가루가 떨어지지 아니하고 병의 기름이 없어지지 아니하니라.'

엘리야가 말한 대로 그 통과 기름병에서 곡식 가루와 기름이 계속 나왔다. 비가 오지 않아서 굶어죽을 수밖에 없었던 과부의 가정이 엘리야로 인하여 생명을 얻게 되었다.

엘리야의 순종은 놀라운 기적을 일으켰다. 순종하기 어려운 상황에서 엘리야는 하나님께 도움을 요청했다. 전폭적으로 하나님의 뜻을 구한 엘리야에게 하나님은 피할 길을 열어주셨다. 가야 할 방향을 정확하게 가르쳐 주셨다. 엘리야는 순종했고 그 순종은 자신을 살리고 이웃을 살리는 계기가 되었다.

우리 인생의 주인은 하나님이시다. 하나님만이 인생의 모든 주권을 가지고 계신다. 우리가 명심해야 할 것은 이 땅에서 살아갈 때 언제나 주인이신 하나님의 뜻을 구하면서 살아가야 한다. 창조주께서 피조물에게 주신 사명이다. 왜 이런 사명을 주시는가? 피조물인 우리들의 행복이 창조주께 순종할 때 주어지기 때문이다. 그러므로 우리는 순탄할 때에도 하나님의 뜻을 찾고 역경 속에서도 하나님의 뜻을 찾아 순종하는 삶이 필요하다.

이것을 너무나 잘 아시는 하나님은 우리를 축복하신다. 오직 하나님의 말씀에 순종하게 하시려고 우리를 도와주신다. 그 도움을 연단이라 한다. 훈련이라 한다. 하나님께서 우리를 훈련시키시는 것을 보면 우리에게 적절하게, 꼭 맞게 훈련을 시키신다.

이런 훈련을 아무에게나 시키시는가? 아니다. 오직 예수님을 믿고 하나님의 자녀가 된 백성에게만 이런 훈련을 시키신다. 그 백성 됨이 어떻게 드러나는가?

첫째는 세례를 통해서 드러난다. 세례는 하나님의 백성임을 확증하는 거룩한 의식이다.

둘째는 성찬을 통해서 드러난다. 성찬은 하나님의 백성임을 기념하는 거룩한 의식이다.

성찬은 세례 받은 성도에게만 허락되는 이유가 이것이다.

예수님을 믿어 세례를 받고 교회에서 행하는 성찬에 참여하는 사람들은 복된 사람들이다. 하나님의 놀라운 축복을 받고 사는 사람들이다. 이런 사람들에게 하나님은 생명의 말씀을 통하여 계속 훈련시켜 주신다.

하나님은 처음부터 엘리야를 '용광로'인 사르밧으로 보내신 것이 아니다. 처음에는 그릿 시냇가로 보내셨다. 거기서 까마귀를 통한 하나님의 역사를 경험함으로 하나님께 대한 믿음이 견고해졌다. 웬만한 환경의 어려움이 와도 이길 수 있도록 하나님의 능력을 체험하게 만들어 주셨다. 그러나 그것만 가지고는 장차 800명이 넘는 바알과 아세라 선지자들과 전투를 하는데 부족했을 것이다. 이것을 아시는 하나님께서 엘리야를 더 강하게 훈련시키신 것이다. 사르밧, 즉 용광로에 엘리야를 넣으셔서 더 강하게 만드시기 원하셨다.

우리가 이 세상에서 살아갈 때 하나님은 우리를 연단하시고 훈련시키신다. 우리를 귀한 일에 사용하시려고, 귀한 믿음의 역군이 되도록 훈련하신다. 그릿 시냇가에서도 훈련시키시고 사르밧, 즉 용광로에도 넣어서 훈련시키신다. 우리가 할 일은 다른 것 없다. 우리의 삶 속에서 만나는 하나님의 인도하심을 믿음의 눈으로 바라보고 성령님의 도움으로 순종하면 된다. 말씀을 기다리고 말씀을 구하면 된다. 우리가 믿음으로 하나님의 뜻을 구하고 하나님의 방법을 찾을 때 하나님은 성령님을 통하여 가르쳐 주신다. 우리가 기도하면서 하나님의 길을 찾고 하나님의 뜻을 찾을 때 하나님은 길을 가르쳐 주시고 인도하신다.

하나님께서 가르쳐 주시는 길은 언제나 옳다. 언제나 우리의 행복을 보장한다. 우리 생각과 달라도 그 길이 생명의 길이다. 죄를 이기는 길이다. 또한 그 길로 순종할 때 우리가 살 뿐만 아니라 사르밧 과부와 같은 우리 이웃을 함께 살리게 된다.

언제나 하나님의 뜻을 구하고 그 뜻에 순종하는 분들이 되셔서 이 시대를 살아가면서 죄와 세상과 사탄을 이기고 하나님의 일에 귀하게 쓰임 받는 분들이 되시기를 바란다.

토의 문제

1. '그릿 시냇가의 마름'에 대하여 영적인 관점에서 나눠보라.

2. 왕상17장 8절, **'여호와의 말씀이 엘리야에게 임하여 이르시되'**라는 말씀과 우리의 삶이 어떤 연관을 가지고 있는지 나눠보라.

3. 왕상17장 9절에, 하나님은 엘리야에게 사르밧으로 가라 하신다. 이세벨 왕비와 사르밧을 연관시켜 얻을 수 있는 교훈을 나눠보라.

4. 왕상17장 9절에, 하나님은 엘리야에게 사르밧으로 가라 하신다. 사르밧을 '용광로'와 연결하여 얻을 수 있는 교훈을 나눠보라.

5. 엘리야의 사르밧 행은 하나님께 대한 순종이었다. 이 순종으로 엘리야는 사르밧 과부의 가정을 살렸다.

성도가 하나님께 순종할 때 이웃을 살려내는 역사에 대하여 나눠보라.

기도

1. 토의 내용을 통하여 하나님께 찬양하고 감사하며 고백하고 회개하라.

2. 토의 내용을 통하여 주신 기도제목을 가지고 간구하라.

4

믿음 훈련과 축복

(왕상17:15-24)

하나님은 구원받은 백성을 귀하게 사용하신다. 얼마나 귀하게 사용하시는지 천사들이 부러워할 정도다. 그러나 처음부터 귀하게 사용하시는 것은 아니다. 하나님은 한 영혼을 구원시켜 하나님의 자녀로 삼으시고 훈련시키신다. 훈련을 통하여 귀한 일에 합당한 자격을 갖추도록 하신다. 그러니까 하나님께 제대로 훈련을 받은 사람만이 하나님께 쓰임을 받는다. 이 훈련은 한 번 받고 끝내는 것이 아니다. 일평생 계속 된다. 하나님이 성도들에게 행하시는 훈련은 축복 그 자체다. 훈련을 통하여 정금같이 단련되고 보배로 다듬어지기 때문이다. 이 훈련을 알고 받을 때 의미를 깊이 알 수 있으며 결과적으로 유익하게 된다. 그러나 하나님께서 당신의 자녀들을 연단하시고 훈련하신다는 사실을 모르면 오히려 훈련과 연단이 시험이 된다.

세상에서도 어떤 일을 해야 할 때 훈련이 필요하다. 군인이 되기 위해서도 훈련이 반드시 필요하다. 훈련 없는 군인은 생각만 해도 끔찍하다. 군인이 되면 훈련을 열심히 받아야 한다. 훈련에서 흘리는 땀은 전장에서 흘리는 피를 대신한다는 말이 있을 정도다. 좋은 회사의 사원이 되면 '연수'

라는 이름으로 계속적인 훈련을 받는다. 하물며 하나님의 일꾼은 말할 필요가 없다. 교회에서 성도들에게 행하는 훈련도 중요하지만, 하나님이 직접 행하시는 훈련이 반드시 필요하다. 훈련 없이는 하나님의 좋은 백성이 될 수 없다.

만일 성도가 하나님께서 행하시는 훈련을 받지 않으면 어떻게 될까? 바른 성도가 될 수 없다. 하나님이 예비하신 축복을 받지 못한다. 훈련은 하나님이 주시는 축복을 담는 그릇을 준비하게 해준다. 뿐만 아니라 하나님께서 훈련하지 않으시는 사람은 하나님이 위대한 일꾼으로 사용하지 않으신다. 하나님의 일꾼이 될 수 없다. 성경에 등장하는 하나님의 일꾼들을 보면 하나같이 모두 하나님께 훈련을 받은 사람들인 것을 알 수 있다.

모세도, 다윗도 예수님의 열 두 제자들도 훈련을 받았다. 특별히 엘리야의 경우 하나님께서 얼마나 훈련을 멋지게 시키셨는가를 볼 수 있다. 그 결과 하나님의 말씀을 전하는데 하나님께 위대하게 쓰임을 받았고 하나님의 멋진 일꾼이 되었다.

성경에 등장하는 하나님의 일꾼들의 일관적인 특징이 있다. 하나님께서 그들을 훈련시키실 때 순종했다는 것이다. 순종의 속도에 있어서 차이가 있으나, 결과적으로 받아들였다. 처음부터 순종한 사람도 있고 나중에 순종한 사람도 있다. 도중에 마음에 들지 않는 부분이 있으면 그것 때문에 힘들어하고 괴로워했던 사람도 있다. 요나 같은 선지자는 도망치기도 했다.

만일 하나님께서 시키는 훈련에 끝끝내 불순종하는 사람은 하나님께 쓰임 받을 수 없다. 예전에는 군대에서 훈련적응을 못해서 탈영하는 사람들이 가끔 있었다. 그렇게 되면 훈련을 받을 수가 없고 훈련이 주는 유익을 얻을 수 없다. 하나님의 사람들도 마찬가지다. 하나님께서 시키시는 훈련을 못마땅하게 여겨서 순종하지 못하면, 훈련의 효과를 거두지 못할 뿐만 아니라 하나님께 쓰임을 받을 수 없다. 멋진 하나님의 백성으로서 살아갈 수 없다.

성도는 훈련을 통하여 하나님의 위대한 일꾼으로 설 수 있다. 훈련은 천국의 영광, 상급과 면류관을 예비한다. '젊어서 구슬땀을 흘리지 않으면 늙어서 식은땀을 흘린다.'는 말이 있다. 영적으로는 더 분명하다. 이 세상에서 신앙의 성숙이 필요한 이유이다.

계속되는 엘리야의 믿음 훈련

우리는 본문 말씀을 통해서 당신의 백성들을 훈련시키는 하나님을 발견할 수 있다. 그러므로 이 말씀은 우리에게 큰 유익이 된다. 성경에 엘리야가 등장하면서 엘리야를 훈련시키는 하나님의 모습을 발견할 수 있다. 하나님은 엘리야를 통하여 이스라엘의 죄와 부패를 경고하시고 해결하시고자 하셨다. 그래서 엘리야를 훈련하시기 시작하셨다. 뿐만 아니라 엘리야 훈련 이야기를 통하여 하나님의 모든 백성들을 교훈하신다. 엘리야를 언제까지 훈련 하시는 것인가? 엘리야가 하나님의 뜻을 온전히 따를 때까지이다. 왜냐하면 그렇게 될 때 하나님께도 영광이 되고 엘리야에게도 최고의 축복이 되기 때문이다.

성도는 연단을 통하여 하나님의 놀라운 능력을 경험한다. 또한 하나님의 위대한 역사를 목도한다. 하나님은 당신의 일을 하실 때 성도들을 통하여 일하신다. 하나님의 백성들을 통해서 일하신다. 하나님 혼자서도 다 하실 수 있지만, 이 땅에서 하나님이 일하시는 방법은 당신의 백성들을 통해서 하시는 것이다. 우리가 하나님을 온전히 신뢰하고 하나님의 말씀에 온전히 순종할 때 하나님의 능력이 크게 나타난다. 하나님의 영광이 드러난다. 하나님은 우리의 작은 힘에 하나님의 능력을 더하시는 방법으로 하나님의 일을 하신다. 하나님의 능력은 우리의 순종으로 드러난다. 작게 순종하면 작은 능력이 나타나고 크게 순종하면 하나님의 크신 능력이 나타나는데, 순종은 바로 훈련에 정비례한다. 제대로 훈련받은 사람이 제대로 순종해서 하나님의 영광을 크게 드러내고 하나님의 큰 능력을 행하게 된다. 만일 우리의 삶 속에 하나님께 순종하는 모습이 보이지 않는다면 우리는 훈련을 받지 않았거나 아니면 훈련에 불평하고 원망함으로 훈련되지 않았기 때문이다.

하나님은 엘리야를 멋진 하나님의 사람으로 만들고 싶으셨다. 하나님의 말씀 한 마디만 있으면 온전히 순종하고 움직일 수 있는 그런 사람으로 만들고 싶으셨다. 그래야 하나님의 크신 영광이 드러나고 크신 능력이 나타나 엘리야를 더 복되게 하실 수 있기 때문이다.

이런 이유로 오늘도 하나님은 당신의 백성들을 계속해서 훈련시키신다. 이렇게 순종의 사람들이 되면 하나님의 큰 능력이 나타나고 하나님의 큰 능력을 행하게 된다. 자신의 적은 능력에 하나님의 전능하신 능력이 부어지는 것을 체험하게 된다. 이렇게 될 때 하나님의 큰일을 감당하는 일꾼들이 될 수 있다. 그러나 훈련을 통과하지 못하면 하나님의 위대한 일꾼들이 되지 못한다. 답답한 신앙생활과 답답한 인생살이를 하게 된다.

세상에서도 직장을 잃는 것은 안타까운 일이다. 일터를 잃는다는 것은 생존에 위협이 된다는 말이다. 직장을 잃는 이유는 여러 가지가 있을 것이다. 하지만 어떤 분야에 타의 추종을 불허하는 능력을 소유하고 있다면 문제가 달라진다. 희소성을 갖추고 있기에 그런 사람들은 언제나 인기가 높다. 서로 데려가려고 야단이다. 직장을 골라 갈 수도 있다.

하나님의 일꾼도 마찬가지다. 하나님께서 시키는 연단과 훈련을 제대로 받기만 하면 하나님의 귀한 일꾼, 능력 있는 일꾼이 된다. 그러면 서로 모셔가려고 야단이다. 하나님이 인정하신다. 하나님의 훈련을 제대로 받은 사람들은 교회 안에서도 인정받고 세상에서도 하나님께 귀하게 쓰임을 받는다.

하나님께서 엘리야를 훈련시키시는 것을 보면 크게 두 가지 방법을 통하여 하신다.

첫째는 환경을 이용하신다. 세상에서도 훈련을 시킬 때 마찬가지 아닌가? 훈련을 시키려면 훈련에 필요한 도구들이 있어야 한다. 훈련도구들은 훈련의 효과를 내기 위하여 꼭 필요하다. 육상선수들은 모래주머니 같이 무거운 것을 다리에 매고 연습을 한다. 또 높은 산을 열심히 뛰어 오르내리기도 한다. 이런 행동들은 실전을 위한 훈련이다. 엘리야가 하나님께 받은 훈련을 보면 환경이라는 도구를 하나님이 사용하신다. 하나님은 엘리야에게 그릿 시냇가로 가서 가뭄을 피하라고 하셨고 사르밧으로 가서 한 과부의 집에서 가뭄의 때를 보내라 하셨다. 이런 과정들은 환경을 도구로 사용하시는 하나님의 훈련 방법이다.

지금도 이런 훈련이 하나님의 백성들에게 계속되고 있다. 따라서 성도에게 쉽지 않은 상황이 발생하면 그것은 거의 틀림없이 하나님의 훈련 프로그램이다. 그 훈련을 우리가 제대로 받기만 하면 하나님의 능력을 행하는 사람이 된다. 하나님의 능력이 임한다. 하나님의 능력을 가져다가 쓸 수 있는 면허증을 갖는 것과 같다. 하지만 그 훈련을 거부하거나 원망하고 불평하면서 제대로 훈련을 받지 못하면 하나님의 능력은 나타나지 않는다. 성도들이 이것을 놓칠 때가 많다. 우리에게 찾아오는 모든 환경은 하나님의 허락을 받고 우리를 찾아온다. 그 어떤 환경도 하나님의 허락 없이 우리에게 오지 않는다. 따라서 어떤 환경에 대하여 불평하고 원망한다면 훈련기회를 거부하는 것과 같다.

둘째, 하나님께서 시키시는 훈련은, 사람을 통해 하신다. 주변의 사람들이 왜 거기에 있는가? 주변의 사람들은 우리의 친구도 있고 모르는 사람들도 있다. 우리를 기쁘게 할 수도 있고 그렇지 않을 수도 있다. 엘리야가 만나는 사람들도 다양했다. 아합을 만났다. 사르밧 과부를 만났다. 훗날 바알의 선지자들도 만난다. 직접 대면은 아니지만 이세벨과도 만나게 된다.

엘리야가 하나님께 받는 환경과 사람을 통한 훈련은 엘리야의 마음에 들지 않았다. 그릿 시냇가로 가라는 말씀도 쉽게 순종할 수 있는 것이 아니었다. 생명의 위험이 뒤 따르는 곳이었기 때문이다. 사르밧으로 가라는 말씀은 더 마음 내키지 않았다. 사르밧은 용광로를 뜻하는 말로 시련의 장소였다. 물론 하나님은 그릿 시냇가에서 까마귀를 통하여 먹을 것을 공급하심으로 엘리야에게 훈련의 축복을 경험하게 하셨다. 사르밧에서도 어떤 과부를 통하여 또 이적을 통하여 먹는 문제를 해결하게 하심으로 하나님의 능력을 체험하게 만드셨다. 이런 방법들은 엘리야가 힘든 훈련을 너끈히 이기도록 돕는 역할을 했다.

하나님께서는 모든 성도들을 훈련시키실 때, 이런 방법들을 즐겨 사용하신다. 수많은 믿음의 사람들을 훈련시키실 때 이런 방법들을 사용하셨다. 그 목적은 분명하다. 바로 오직 하나님만을 의지하고 하나님의 말씀만을 붙잡고 사는 사람으로 축복하시기 위함이다. 왜냐하면 하나님만을 의지하고 하나님의 말씀을 붙잡고 살 때 하나님의 역사가 일어나기 때문이다. 그것을 통하여 하나님의 영광이 드러나고 하나님의 축복이 임하기 때문이다.

그러나 하나님을 의지하지 않고 우리들 마음대로 살면 무엇인가 되는 것 같지만, 사실은 되는 것이 하나도 없다. 어떤 사람들은 하나님의 뜻대로 살지 않아도 모든 일이 잘만 된다고 주장한다. 모두 망가지게 되어 있다. 하나님의 뜻과 상관없는 세상의 영화는 모두 일장춘몽이다. 앞에서 남고 뒤에서 밑지는 인생장사를 하고 있을 뿐이다.

하나님을 의지하고 하나님의 말씀만을 붙잡고 사는 삶에 대하여 좋아하지 않는 사람들이 많다. 그런 사람들은 자신만의 힘으로도 얼마든지 살 수 있다고 생각하는 사람들이다. 그러나 우리는 착각하지 말아야 한다. 세상에 나 혼자 힘으로 할 수 있는 것은 아무것도 없다. 내가 지금 호흡하고 있는 것조차도 하나님께서 나를 붙잡고 계시기 때문이다. 숨 쉬는 것도 그냥 쉬는 것이 아니다. 지금도 죽어서 병원 영안실에 누워 있는 사람들은 하나님께서 손을 놓은 사람들이다. 하나님이 우리를 붙잡고 있던 호흡을 놓으실 때 우리는 세상과 작별하게 된다. 우주가 멈추지 않고 돌아가고 있는 것도 하나님께서 우주를 붙잡고 계시기 때문이다. 하나님이 손을 놓으시면 모든 것이 끝난다. 따지고 보면 크고 작은 우리의 모든 일상생활이 내 마음대로 되는 것이 없다. 하나님의 능력으로 모든 것이 보존되고 유지된다.

하나님의 위대한 능력은 하나님을 온전히 신뢰할 때 나타난다. 하나님을 온전히 신뢰할 줄 아는 사람은 하나님의 훈련을 받은 사람만이 가능하다. 그래서 하나님은 온갖 환경을 이용하시고 또 때로는 우리들의 마음에 들지 않는 방법으로 우리를 훈련시키신다. 따라서 하나님의 백성들은 이 사실을 한시도 잊지 말아야 한다.

이것이 **'범사에 감사하라'**는 말씀을 아멘으로 받아야 할 이유다.

사르밧 과부의 믿음 훈련(왕상17:15-18)

본문을 보면 이것을 더 명료하게 알 수 있다. 훈련은 어느 특정한 성도의 전유물이 아니다. 하나님은 본문에서 엘리야 선지자만 훈련시키신 것이 아니다. 하나님은 엘리야를 사르밧으로 보내서 한 과부를 통하여 가뭄의 때를 보내는데 도움을 받게 하셨다. 분명한 것은 사르밧 과부가 하나님의 백성이 되었다는 사실이다. 하나님께서 엘리야를 보내서서 하나님의 능력을 경험하게 하심으로 하나님의 백성이 되었다.

엘리야를 훈련시키시던 하나님은 옆에 있던 사르밧 과부도 훈련에 동참

시키셨다. 그렇다. 훈련은 모든 성도들에게 필수다. 그렇다면 사르밧 과부는 하나님의 어떤 훈련 프로그램에 참여하여 훈련을 받고 있는가? 열왕기상 17장 15절과 16절이다.

'15 그가 가서 엘리야의 말대로 하였더니 그와 엘리야와 그의 식구가 여러 날 먹었으나 16 여호와께서 엘리야를 통하여 하신 말씀 같이 통의 가루가 떨어지지 아니하고 병의 기름이 없어지지 아니하니라.'

사르밧 과부는 한번 먹을 기름과 가루를 가지고 있었다. 그런데 하나님의 선지자 엘리야가 와서 먼저 엘리야 자신을 위하여 떡을 구워달라고 부탁했다. 가뭄이 끝날 때까지 병의 기름과 통의 가루가 떨어지지 않을 것이라고 말하면서 부탁을 했다.

사르밧 과부는 엘리야의 말에 순종했다. 어떻게 순종했다고 말씀하고 있는가? **'엘리야의 말대로 하였더니'**라고 기록하고 있다. 이 과부는 엘리야의 말씀을 하나님의 말씀으로 알고 순종한 것이다. 그랬더니 엘리야가 말한 대로 되었다고 말씀한다.

우리가 이 본문을 쉽게 넘겨버려서는 안 된다. 엘리야, 사르밧 과부 모자가 지낸 가뭄의 시간들은 여러 날이라고 말씀한다. 이 여러 날은 적어도 1년은 넘을 것으로 본다. 삼년 이상 가뭄으로 비가 오지 않았기 때문에 그렇게 말할 수 있다. 그러면 사르밧 과부는 날마다 식사를 준비하기 위해서는 언제나 이 기름병과 가루의 통에서 기름과 가루를 꺼냈을 것이다.

어떤 마음으로 꺼냈을까?

사르밧 과부는 기름병에서 기름이 계속해서 나오고 가루 통에서 가루가 계속해서 나온다는 사실에 많은 생각을 했을 것이다. 사실 이것은 과부를 시험하는 하나님의 방법이었다. 과부는 끼니때가 되어서 기름병과 가루 통에 접근할 때마다 '또 나올까' 하는 불안과 의심과 맞서 싸웠을 것이다. 왜냐하면 하나님께서 한 번에 몇 달치를 한꺼번에 주신 것이 아니라 한 번에 한번 먹을 것만 주셨기 때문이다.

이것은 예나 지금이나 하나님께서 당신의 백성들을 상대로 일하시고 채워주시는 모습이다. 하나님은 우리를 인도하실 때도 한 번에 한걸음씩만 인도하신다고 했다. 왜냐하면 한 번에 여러 걸음을 인도하면 우리가 감당치 못하기 때문이다. 먹을 양식도 이런 방법으로 채워주신다. 한 번에 한 번 먹을 것을 채워주신다.

하나님의 백성들이 이 땅에서 살아갈 때 하나님께서 먹을 양식에 대하여 어떤 약속을 주셨는가? 주기도문에 보면 일용할 양식을 약속하셨다. 일용할 양식은 하나님을 믿는 모든 백성들에게 주신 확고한 약속이다. 일용할 양식은 우리가 이 땅에서 살아가는데 있어서 필요한 모든 것을 일컫는 말씀이다. 날마다의 양식도 물론이다. 아이들 교육비도 포함되고 심지어 노후 생활비까지 다 일용할 양식이다. 어떤 사람들은 '날마다 일용할 양식'이라 주장을 하기도 하는데, 그럼 그렇게 믿으면 된다.

하나님은 당신을 믿는 하나님의 백성들에게 필요한 것들을 주신다고 약속하셨다. 마치 엘리야를 통하여 병의 기름과 가루의 통이 다하지 않을 것이라고 약속하고 주신 것처럼 말이다. 사르밧 과부는 엘리야의 말을 굳게 믿고 끼니때마다 기름병이 있는 곳으로 갔다. 그리고 필요한 기름을 받았다. 믿음으로 받은 것이다. 또 밀가루가 있는 통으로 갔다. 믿음으로 갔다. 하나님께서 먹을 양식과 기름을 준비해주셨겠지 하는 마음을 가지고 갔고 하나님은 그 믿음에 응답하셨다.

우리는 하나님의 백성이다. 하나님의 자녀들이다. 우리도 하나님께서 약속하신 일용할 양식에 대한 믿음이 있어야 한다. 날마다 공급하시는 하나님을 신뢰함으로 새 날을 맞이해야 한다. 물질적인 어려움 때문에 고통 중에 있는 분들이 있는가? 그럼에도 불구하고 하나님께 대한 신뢰를 놓치지 말아야 한다. 과부가 엘리야의 말을 굳게 믿고 끼니때마다 가루 통과 기름병에 다가갔듯이, 우리들도 날마다 일용할 양식을 주시겠다고 약속하신 주님의 말씀을 믿고 새 날을 맞이해야 한다. 우리의 믿음이 필요하다. 일용할 양식은 믿음으로 받는 것이다. 이 믿음이 우리의 말과 행동으로 드러나야 한다. 안식일을 거룩하게 지키는 것은 믿음이 있다는 증거다. 십일조를 하나님의 것으로 인정하고 드리는 것은 믿음이 있다는 증거다.

하나님은 사르밧 과부의 믿음을 훈련시키셨다. 하나님은 지금도 우리를 그렇게 훈련시키신다. 경제가 어렵다고들 말한다. 그러나 하나님께는 안 통한다. 경제가 어려워도 하나님은 어렵지 않으시다. 어떤 형편과 처지에서도 우리에게 일용할 양식을 공급하실 수 있다. 하나님은 우리에게 떼돈을 벌고 일확천금을 벌어서 부자가 되게 하시겠다고 약속하지 않으셨다. 일용할 양식을 약속하셨다. 하나님은 먹고 사는 문제를 가지고 우리를 훈련하신다. 우리의 힘으로 사는 것이 아니라 하나님의 능력으로 먹고 사는 법을 가르치시고 훈련하신다. 우리 모두가 하나님이 하시는 이 훈련을 제대로 받아야 한다. 그래야 위대한 하나님의 사람들이 될 수 있다. 빵 한 조각 떡 한 개 때문에 믿음을 팔아먹지 않게 된다. 먹고 사는 문제를 통하여 믿음의 훈련을 제대로 받아야 한다. 그렇게 될 때 먹고 사는 문제를 믿음으로 해결하는 믿음의 사람들이 될 수 있다.

사르밧 과부가 엘리야의 말을 믿음으로 먹는 문제를 해결할 때마다 그는 하나님을 신뢰하는데서 오는 기쁨과 재미를 맛보았을 것이다. 너무나 좋으신 하나님을 경험함으로 가슴이 뛰었을 것이다. 실제로 그렇다. 하나님을 믿음으로 하나님을 체험하고 하나님의 역사를 경험할 때 대부분의 사람들은 적잖이 흥분한다.

그런데 이렇게 들떠 있는 사르밧 과부에게 아주 힘든 일이 벌어지고 있다.

본문 왕상 17장 17절을 보자. **'이 일 후에 그 집 주인 되는 여인의 아들이 병들어 증세가 심히 위중하다가 숨이 끊어진지라'**

무슨 일이 일어난 것인가? 사르밧 과부의 외아들이 갑자기 병이 들어 회복되지 못하고 죽었다. 사르밧 과부에게 최고의 충격이었다. 이 아들은 외동아들이다. 엄마가 대신 죽으라고 해도 죽을 수 있는 그런 아들이다. 사르밧 과부는 눈앞이 캄캄해졌다. 당연한 일이다. 사르밧 과부는 왜 아들이 죽었을까를 곰곰이 생각해 봤다. 그리고는 결론을 내렸다.

왕상 17장 18절이다.

'여인이 엘리야에게 이르되 하나님의 사람이여 당신이 나와 더불어 무슨 상관이 있기로 내 죄를 생각나게 하고 또 내 아들을 죽게 하려고 내게 오셨나이까'

사르밧 과부는 원인이 뭐라고 생각한 것인가?

모든 것이 엘리야 때문에 생긴 것이라고 결론을 내렸다. 그래서 엘리야에게 그 책임을 묻고 있다. 많은 분들이 교회 다니려고 결심을 하고 하나님의 은혜를 체험도 한다. 교회 다니면서 유익하고 재미있는 일을 경험하면서 너무 즐거워한다. 그런 것들은 하나님의 축복이다. 그런데 전혀 기대하지 않았던 힘들고 난처한 일들이 벌어진다.

왜 이런 일이 벌어질까? 하나님은 우리를 전천후 신앙의 소유자들로 만들기 원하신다. 해가 뜨나 비가 오나 오직 하나님만을 의지하고 하나님의 말씀을 의지하게 만들기 원하신다. 그래서 강도가 높고 수준 있는 훈련으로 성도들을 이끌어 가신다. 이런 상황이나 환경의 변화는 대부분 마음에 들지 않는다. 우리의 본성과 정면으로 부딪친다.

특히 본문에서처럼 우리가 가장 애지중지 여기고 아끼는 것을 잃게 만들 수도 있고 아니면 포기하게 만드신다. 이런 상황이 올 때 우리 대부분은 하나님을 원망한다. 사르밧 과부가 엘리야를 원망하듯, 하나님을 원망한다. 좀 정도가 심한 사람은 교회에 그만 나가겠다고 말하기도 한다. 그럴 수 있다. 얼마든지 가능하다. 하지만 여기 사르밧 과부는 엘리야를 원망했지만, 결코 엘리야를 놓치지 않았다. 이것이 중요하다.

더 견고한 믿음의 사람으로(왕상17:19-24)

우리는 우리를 훈련시키시는 하나님의 의도를 알아야 한다. 결과적으로 하나님은 이 훈련을 통하여 사르밧 과부를 어떻게 변화시켜 놓으셨는가?

왕상 17장 22절로 24절이다.

'22 여호와께서 엘리야의 소리를 들으시므로 그 아이의 혼이 몸으로 돌아오고 살아난지라 23 엘리야가 그 아이를 안고 다락에서 방으로 내려가서 그의 어머니에게 주며 이르되 보라 네 아들이 살아났느니라 24

여인이 엘리야에게 이르되 내가 이제야 당신은 하나님의 사람이시요 당신의 입에 있는 여호와의 말씀이 진실한 줄 아노라 하니라'

죽었던 과부의 외아들이 살아났다. 그랬더니 이 사르밧 과부가 어떻게 변화되고 있는가? 24절에 보니까 하나님께 대한 진정한 신앙고백이 나오고 있다. 엘리야가 하나님의 사람이고 엘리아의 입에 있는 말씀이 하나님의 말씀이라고 말하고 있다. 다시 말하면 엘리야를 하나님의 종으로 굳게 인정하고 믿겠다는 말이다.

하나님은 계속되는 상황을 통하여 사르밧 과부를 멋진 신자로 변화시켜 주고 계신다. 어떤 상황에서도 하나님을 믿고 신뢰하는 사람으로 만들어 놓으셨다.

이 말씀을 통하여 우리가 알 수 있는 것은 믿음이 좋은 사람 옆에 있으면 함께 복을 받는다는 사실을 알 수 있다. 사르밧 과부는 자신에게 일어난 끔찍한 비극을 극복할 수 있는 능력이 없었다. 믿음이 좋은 엘리야를 통하여 사르밧 과부가 큰 복을 받고 있다. 더 높고 깊은 신앙으로 나아가고 있다. 우리 옆에 누가 있는가가 이렇게 중요하다.

사실 이 사건을 자세히 살펴보면 하나님께서 엘리야를 훈련시키시는 과정에 끼어 있는 이야기다. 이런 것을 보면 하나님께서 크게 쓰시는 사람들과 함께 교제하다보면 얻는 유익이 많다. 탁구를 쳐도 고수와 쳐야 늘지 하수와 치면 별로 향상이 되지 않는다.

동네 탁구만 계속 치면 늘 그 수준이다. 그러나 탁구를 훨씬 잘 치는 사람과 계속 치면 실력이 쑥쑥 는다.

믿음도 마찬가지다. 할 수만 있으면 믿음이 좋은 분들과 자주 교제하는 것이 유익하다. 그렇다고 믿음이 없는 분들은 상대도 하지 말라는 의미는 아니다. 믿음이 없는 분들을 돌보고 격려하고 보살펴주는 것도 반드시 필요하다. 문제는 계속 믿음 없는 사람들과만 어울린다면 가지고 있던 믿음마저 잃을 수 있다는 말이다.

사실 오늘 말씀을 보면, 사르밧 과부와 엘리야의 만남은 엘리야의 선택도 사르밧 과부의 선택도 아니었다. 그것은 하나님께서 일방적으로 붙여 놓으신 것이다. 우리의 삶 속에서 이런 일들이 자주 일어난다. 믿음이 부족한 사람들이 내 주변에 있다면 하나님께서 나를 통하여 그들에게 믿음의 도움을 주시려 함이다. 나보다 믿음이 좋은 분들이 우리 주변에 머문다면 그것은 하나님께서 그분들을 사용하셔서 우리를 유익하게 하려 하심이다.

이런 의미에서 사르밧 과부는 복을 받은 사람이다. 하나님의 선택을 입은 축복의 사람이다. 하나님께 믿음의 훈련을 받고 있는 복이다. 또 믿음의 위대한 선배 엘리야를 통하여 전천후 믿음이 무엇인지를 배우는 복을 받은 것이다.

본문에 보면 엘리야는 사르밧 여인처럼 당황하지 않는다. 물론 죽은 아이가 자신의 아들이 아니기 때문이기도 하지만, 엘리야는 하나님께서 자신을 훈련시키시는 또 하나의 사건이라고 확신했기 때문이다. 엘리야는 하나님이 어떤 분이신지를 알고 있었기 때문이다. 엘리야는 하나님께서 이 아이를 다시 살리실 줄 확신했다. 어떻게 확신했는가?

앞에 나오는 이야기를 점검해보면 금방 알 수 있다. 하나님께서 엘리야를 사르밧 과부의 집으로 보내실 때, 하나님은 엘리야는 물론 그 과부와 그 아들도 살리시려고 보내신 것이다. 특히 12절로 14절을 보면, 과부가 마지막 남은 떡을 만들어 먹고 아들과 함께 죽으려 한다고 말했을 때 엘리야가 약속하기를 '나를 위하여 떡을 만들어 먹게 하면 네가 가지고 있는 기름병과 가루의 통에서 가뭄이 끝나기까지 계속해서 기름과 가루가 나올 것이다'라고 말했었다. 그 말씀의 의미는 최소한 가뭄이 끝나기까지는 거기 있던 세 사람이 결코 죽지 않고 산다는 의미였다. 따라서 과부의 아들이 죽은 사건은 하나님께서 엘리야 자신을 다시 한 번 훈련하시는 것임을 알았다. 하나님의 말씀에 의하면 이 아이는 결코 죽을 수 없는 아이였기 때문이다. 그래서 엘리야는 당황하지 않았다.

엘리야가 어떻게 행동하고 있는가? 왕상 17장 19절로 22절이다.

'19 엘리야가 그에게 그의 아들을 달라 하여 그를 그 여인의 품에서 받아 안고 자기가 거처하는 다락에 올라가서 자기 침상에 누이고 20 여호와께 부르짖어 이르되 내 하나님 여호와여 주께서 또 내가 우거하는 집 과부에게 재앙을 내리사 그 아들이 죽게 하셨나이까 하고 21 그 아이 위에 몸을 세 번 펴서 엎드리고 여호와께 부르짖어 이르되 내 하나님 여호와여 원하건대 이 아이의 혼으로 그의 몸에 돌아오게 하옵소서 하니 22 여호와께서 엘리야의 소리를 들으시므로 그 아이의 혼이 몸으로 돌아오고 살아난지라'

엘리야는 당황하고 있는 사르밧 과부에게 아들을 달라고 했다. 그리고는 자기의 거처하는 다락으로 올라가 자기의 침상에 누이고 하나님께 확신에 찬 기도를 하고 있다. 가뭄이 끝나기 전까지는 세 사람의 생명에 어떤 일도 일어나지 않게 하시겠다고 하신 하나님의 약속을 붙잡고 기도를 한 것이다. 엘리야는 아이의 영혼이 다시 돌아와서 생명을 회복하게 해 달라고 하나님께 간절히 기도했다.

엘리야는 하나님의 훈련을 멋지게 받아내고 있다. 하나님과 하나님의 말씀을 온전히 신뢰하는 계기로 삼았다. 정해진 훈련 규정을 제대로 소화하고 있다. 엘리야의 멋진 훈련의 모습에 하나님은 흡족해 하셨다. 하나님은 엘리야의 기도대로 그 아이의 영혼이 돌아오게 하셨다. 다시 살아나게 하셨다. 살아난 아들을 데리고 다락에서 내려온 엘리야는 그 과부에게 외아들을 돌려줬다. 그 어머니의 심정이 어땠을까? 생명의 주인이신 하나님을 경험하게 되었다.

이 사건을 통하여 엘리야의 신앙도 한 단계 성숙했고 그 사르밧 과부의 신앙도 한 단계 성장했다. 모든 것에 있어서 염려하지 않고 하나님을 신뢰하는 사람으로 변화되었다.

하나님은 당신의 백성들을 훈련시키신다. 훈련의 목적은 하나님의 능력을 덧입고 살 수 있는 사람들이 되게 하시기 위함이다. 이 세상은 하나님의 능력을 덧입고 살아야 제대로 살 수 있는 곳이다. 혼자 힘으로 사는 사람들은 곧 좌절한다. 삶의 의미를 결코 알 수 없다. 우리의 삶은 지상에서 몇 십 년이 아니다. 우리의 삶은 영원하다. 영생하는 사람들이다. 하나님과 함께 영생하는 법을 배워야 한다. 하나님이 가르쳐 주신다.

주로 우리의 환경을 통하여 훈련하심으로 하나님을 알아가게 하시고 영생을 가르쳐 주신다. 환경의 변화를 볼 때마다 우리는 하나님을 기억해야 한다. 때로는 우리의 마음에 들지 않는 상황도 너끈히 감당해야 한다. 원망이나 불평하지 말고 감당할 줄 알아야 한다.

요트의 전문가인 사람이 친구를 태우고 바다로 나아갔다. 그 전문가는 친구에게 두 가지를 잊지 말라 했다 우선 이 요트는 어떤 일이 있어도 뒤집어지지 않도록 만들어졌다고 했다. 둘째로 이 요트는 어떤 일이 있어도 바다 밑으로 가라앉지 않게 만들어졌다고 말했다. 실제로 이들은 항해를 하는 동안 위험한 순간들이 많았다고 한다. 그러나 그 요트는 뒤집히거나 가라앉지 않았다. 이유가 무엇인가? 그렇게 만들어졌기 때문이다.

마찬가지로 우리 성도들이 기억해야 할 것이 두 가지 있다. 하나는 하나님께서 당신의 백성들에게 시키시는 훈련은 반드시 유익하게 한다는 것이다. 둘째는 하나님께서 환경의 변화를 통하여 시키시는 훈련은 우리가 다 감당할 수 있다는 사실이다.

사르밧 과부를 보라. 사르밧 과부는 식량과 아들의 생명을 담보로 하는 훈련을 받았다. 그러나 그 옆에는 그 문제를 충분히 해결해 줄 수 있는 엘리야를 하나님께서 준비시켜 놓으셨다. 엘리야 역시 사르밧 과부의 아들이 죽는 위기를 맞아서 하나님의 말씀을 기억하고 붙잡음으로 승리했다. 우리에게 최고의 복음이 무엇인가? 사르밧 과부 옆에 엘리야가 있었듯이, 우리에게는 언제나 예수님이 계신다. 우리 옆에만 아니라 우리 안에 영원히 계신다. 언제나 부르면 응답하시는 예수님이시다. 할렐루야!

토의 문제

1. 성도의 신분은 하나님의 자녀이다. 하나님의 자녀는 하나님의 상속자이다.

하나님은 상속자다운 상속자를 만들기 위하여 우리를 훈련하신다. 이 훈련을 어떤 태도, 자세로 받아야 하는지를 나눠 보라.

2. 환경을 통하여 우리를 훈련시키는 하나님의 방법에 대하여 나눠 보라.

3. 사르밧 과부가 엘리야와 함께 지낸 기간은 최소 1년이 넘을 것으로 추정된다. 가뭄의 기간이 3년 이상으로 볼 때 그렇다.

그 여인의 '밀가루 통'과 '기름 병'은 1년 이상 기적이 일어났다. 어떤 마음으로 날마다 '밀가루 통과 기름 병' 앞으로 다가갔을 지를 나눠 보라.

그리고 오늘 나에게 있는 '밀가루 통'과 '기름 병'은 무엇인지에 대해서도 나눠 보라.

4. 본문인 열왕기상 17장 17절 이하에 보면, 사르밧 여인의 믿음을 뿌리째 흔들어 버리는 사건이 일어났다. 바로 외아들이 앓다가 죽은 것이다. 하나님께서 왜 이런 일을 허락하셨는지에 대하여 나눠 보고, 나에게도 감당할 수 없는 일이 일어날 경우에 사르밧 과부의 행동을 참조하여 우리가 어떻게 대처해야 하는지에 대해서도 나눠 보라.

기도

1. 토의 내용을 통하여 하나님께 찬양하고 감사하며 고백하고 회개하라.

2. 토의 내용을 통하여 주신 기도제목을 가지고 간구하라.

세 사람

(왕상18:1-15)

우리가 하나님의 말씀을 읽을 때, 그리고 설교를 들을 때 늘 잊지 말아야 할 진리가 있다. 특히 등장하는 인물들의 됨됨이를 파악할 때 결코 놓쳐서는 안 되는 사실이 있다. 이것을 망각하면 하나님의 말씀을 통하여 아무런 유익을 얻지 못한다.

그것은 바로 하나님의 위대하심이다.

예를 들어, 누군가 멋진 신앙을 가지고 하나님께 영광을 돌렸다고 하자. 그 사람이 잘 한 것이 분명히 있다. 중요한 것은 무엇을 잘 했느냐다. 다윗의 삶이 하나님께 인정받았다면 그 비결이 어디 있느냐를 찾아내야 한다. 그게 무엇인가? 바로 다윗의 믿음이다. 하나님을 의지하는 믿음이다. 그 믿음에 하나님이 역사하셔서 다윗을 성군으로 만든 것이다. 다윗의 능력으로 성군이 된 것이 아니다. 다윗은 하나님이 말씀하실 때 '아멘' 했다. 사울은 어떤가? 사울은 '아멘'하지 않았다.

여호수아와 갈렙의 위대함의 비결도 마찬가지다. 여호수아 역시 우리와 성정이 다른 사람이 아니다. 하나님을 신뢰하는 믿음이 여호수아를 위대하게 만들었다. 가나안 정복명령을 받았을 때 하나님 말씀에 '아멘' 했다. 그러나 나머지 정탐꾼들은 '아멘'하지 않았다. 여호수아의 믿음사용에 하나님께서 믿음의 역사를 일으켜 주신 것이다.

이것은 우리가 잊지 말아야 할 진리이다. 우리 역시 하나님을 신뢰하는 믿음이 있다면 그 믿음 위에 하나님께서 역사해 주실 것이다. 인간적인 생각이나 의지나 능력만으로 하나님 앞에 나아가는 것은 별 의미가 없다. 하나님은 오직 자신을 신뢰하는 믿음의 사람을 찾으신다. 그리고 그 믿음에 반응하여 역사하여 주신다.

역대하 16장 9절 상반절이다. **'여호와의 눈은 온 땅을 두루 감찰하사 전심으로 자기에게 향하는 자들을 위하여 능력을 베푸시나니'**

하나님을 향한 믿음을 새롭게 하자. 믿음을 모으고 필요한 곳에 사용함으로 성령께서 일으키시는 믿음의 역사를 경험하면서 살아가자. '아멘의 신앙'으로 형통의 복을 받자.

본문에 아주 중요한 사람 세 명이 등장하고 있다. 엘리야와 아합과 오바댜다.

이 세 사람을 볼 때도 반드시 같은 원리로 봐야 한다.

엘리야가 태생적으로 다른 사람과 질이 다른 사람이 아님을 말이다. 하나님은 엘리야가 우리와 성정이 같은 사람임을 분명히 말씀하셨다.

아합도 마찬가지다. 이스라엘의 왕이면 기본적으로 하나님의 백성이다. 하나님의 백성인데, 어떻게 이스라엘 역사에 이름을 그리 부끄럽게 남겼는가? 이 사람도 천성이 못돼먹은 사람이 아니다. 단지 하나님을 신뢰하는 믿음에 문제가 있었을 뿐이다.

세 번째 사람이 오바댜다. 오바마가 아니라 오바댜다.

현대를 살아가는 우리들에게 오바댜의 신앙은 시사해주는 점이 크다.

한 사람씩 살펴보자.

엘리야(왕상18:1-2)

먼저 엘리야인데, 왕상18장 1절이다.

'많은 날이 지나고 제 삼년에 여호와의 말씀이 엘리야에게 임하여 이르시되 너는 가서 아합에게 보이라 내가 비를 지면에 내리리라.'

여기 많은 날이 지났다는 말 다음에 제 삼년이라고 기록했다. 그러니까 가뭄이 시작된 지 3년이 지났다는 말이다. 3년 동안 비가 오지 않는다고 상상해보라. 그야말로 생존자체가 불가능한 상황이다. 3년은 고사하고 농사철에 6개월만 비가 오지 않아도 난리가 난다. 우리나라도 물 부족국가로 분류된다. 10여 년 전에는 몇 달만 비가 오지 않아도 전국적으로 난리가 났다. 특별히 농업용수가 부족해서 큰 고생을 했다. 그러다가 전국적으로 큰 댐을 몇 개 건설해서 홍수와 가뭄을 극복했다. 그런데 최근에는 그런 댐들이 환경에 해롭다 하여 다시 없앤다고 한다. 뭐가 옳은 것인지 헷갈린다. 특히 예전에 가뭄이 심할 때면 온 국민이 농촌에 양수기 보내기 운동을 했다. 많은 사람들이 하늘을 쳐다보며 하늘을 원망했다. 평소에 하나님을 믿지도 않던 분들이 왜 갑자기 하늘을 쳐다보며 원망하는지 잘

이해가 되지는 않지만, 아무튼 많은 사람들이 '하늘도 무심하다'고 푸념하고 불평하곤 했다.

그래도 국민들이 농촌에 양수기를 보낸다는 말은 아직도 지하에서 퍼올릴 물이 있다는 말이다. 다시 말해서 땅을 깊이 파면 물이 나온다는 희망이 있기 때문에 양수기를 보냈다. 그러나 본문의 상황을 보라. 몇 달 가뭄이 아니다. 6개월도 1년도 아니다. 3년이 넘는 날 동안 비가오지 않았다. 이렇게 되면 양수기도 소용없다. 유일한 소망이 있다면 하나님께서 하늘 문을 여시고 비를 내리게 하는 것이다.

이런 상황 속에서 엘리야는 무엇을 하고 있는가? 시돈 땅에 속한 사르밧에서 하나님께 순종하는 가난한 과부와 함께 하나님의 기적을 날마다 경험하며 가뭄을 보내고 있었다. 구약 판 오병이어의 기적을 누리고 있었다. 그러면서도 엘리야는 한 가지 진리를 잊지 않았다. 그것이 무엇인가? 바로 하나님께서 하나님의 시간이 되면 이 땅에 비를 내려주시겠다고 말씀하신 사실이다. 왜냐하면 하나님께서 열왕기상 17장 1절에서 하나님이 그것을 약속하셨기 때문이다.

비를 다시 내려 주시겠다고 약속 하셨던 하나님께서 드디어 엘리야에게 말씀하셨다. 우리가 엘리야에게 배울 점은 바로 이것이다. 엘리야는 언제나 하나님의 말씀 중심으로 살았다. 말씀대로 살았고 말씀을 기다리며 살았다. 하나님의 말씀이 가라 하면 갔고 기다리라 하면 기다렸다. 말씀이 임할 때 움직였다.

이것은 성도들의 삶의 원칙이 되어야 한다. 하나님의 말씀대로 살면 인생은 틀림없다. 말씀대로 살지 않으면 안타까운 결말로 간다. 하나님은 우리에게도 풍성한 말씀을 주셨다. 바로 이 성경이다. 이 성경을 주시고 성경대로 살게 하심으로 우리의 길을 인도하신다. 기록된 말씀을 주셨다. 그 안에서 약속의 말씀을 주셨고 목회자들을 통하여 그 말씀을 선포하게 하심으로 생명의 길로 인도하신다.

그러니까 엘리야가 하나님의 말씀이 임할 때 하나님의 말씀대로 움직였듯이 우리들도 말씀대로 움직이면 된다. 성경은 우리가 이 땅에서 어떻게 살아야 하는지에 대한 삶의 원리로 가득 차 있다. 성경이면 충분하다. 성경을 보면 인생이 보인다. 성경을 보면 길이 보인다. 성경대로 가면 된다. 성경은 하나님이 우리에게 주신 최고의 인생사용 설명서다. '인생사용설명서'인 성경을 무시하면 인생을 망친다.

우리가 늘 말씀을 상고하고 예배시간에 설교 말씀을 듣는 이유가 여기 있다. 하나님의 인도하심을 받고 순종하기 위함이다. 이런 자세로 세상을 살면 틀림없다. 하지만 말씀이 아닌 다른 기준으로 세상을 산다면 풀리지 않는 문제 속으로 들어가는 것이다. 거기에는 답이 없다.

그렇다면 엘리야에게 임한 하나님의 말씀은 무엇이었나? 바로 가뭄이 끝난다는 말씀이었다. 그런데 하나님은 엘리야에게 가뭄이 끝나는 사실을 아합 왕에게 가서 다시 통보하라 하셨다.

하지만 하나님의 이 명령 또한 즉각 순종하기에 쉽지 않았다. 그래도 처음에 아합에게 찾아가서 계속될 가뭄에 대하여 말할 때에는 지금에 비하면 상황 자체가 그렇게 나쁘지는 않았다. 물론 그 때도 위험하기는 했으나, 이번의 경우에 비하면 훨씬 안전했다.

지금 상황이 어떤가? 3년 이상 계속된 가뭄으로 인하여 아합 왕은 거의 이성을 잃고 있었다. 3년 전에 가뭄을 예고했던 엘리야에 대하여 이를 갈고 있었다. 그렇기 때문에 이번 아합 왕 방문은 목숨을 걸고 찾아가야 했다.

그러나 엘리야는 순종했다. 엘리야에게는 순종의 능력이 있었다. 하나님께 작은 순종, 계속 된 순종을 통하여 하나님의 능력의 역사를 계속 경험해 왔기 때문이다. 이것이 순종의 능력이고 순종의 축복이다. 말씀에 불순종하는 사람들이 계속 불순종하는 이유도 이것이다. 하나님의 역사를 경험하지 못하기 때문이다. 영적인 빈익빈 부익부다. 있는 자는 더 받아 누리고 없는 자는 있는 것까지 빼앗긴다는 예수님의 말씀이 이런 의미다.

그렇다면 다시 비가 온다는 사실을 왜 아합에게 알려야 하는가?

이 사실을 알리지 않으면 백성들이 오해할 것이다. 또 우상숭배자들이 오해할 것이다. 어떻게 오해할까? 자신들이 우상에게 빌어서 비가 오는 것이라고 오해하고 착각한다. 그래서 하나님께서 아합에게 가서 알리라고 말씀하셨다.

2000년 초반에 기독교와 아무런 상관도 없는 영생교의 교주가 구속되면서 큰 소리 치는 것을 보았다. 언젠가 검찰이 자신을 구속하고 핍박하는 바람에 성수대교가 무너졌고 삼풍백화점이 무너졌단다. 그리고 김정일이가 그때 군대를 동원해서 남한으로 밀고 내려오려고 했는데, 생각 같아서는 내버려 두고 싶었지만 국민이 불쌍해서 신령한 도술을 사용하여 직접 김정일이에게 가서 호통을 쳐 남침을 막았다고 주장했다. 그러면서 지금 검찰이 자신을 구속하고 핍박하면 그보다 더 끔찍한 사건들이 일어날 것이라고 겁을 줬다. 그러나 그 사람이 구속 된 뒤에 큰 사건이 더 이상 일어나지 않았다. 또 일어났다 해도 그 사람과 관련이 없다.

하나님을 믿지 않는 사람들이나 우상을 섬기는 사람들은 어떤 일이 일어나면 그것을 오해할 수 있다. 주권자 하나님이 하시는 일을 인정하지 않기 때문이다.

만일 본문에서 엘리야가 아합 왕에게 비가 올 것임을 통보하지 않는다면 우상숭배자들이나 이스라엘 백성들이 착각할 수 있었다. 마치 바알 신이나 아세라 신이 비를 준 것이라고 오해할 것이기 때문에 하나님께서 미리 통보하라고 하신 것이다.

뿐만 아니라 이번 기회를 이용해서 우상숭배를 주도하고 있는 거짓 선지자들을 모두 처단하기 위해서도 필요했기 때문에 알리라고 명령하셨다. 그들을 처단하면서 이 땅에 진정한 하나님은 한 분 뿐이심을 백성들에게 확증하기 위하여 아합 왕에게 통보하는 것이 반드시 필요했다.

하지만 엘리야가 아합에게 하나님의 말씀을 통보하러 가기 위해서는 역시 목숨을 걸어야 했다. 왜냐하면 지난 3년여 동안 아합은 엘리야를 찾아서 죽이려고 수단과 방법을 가리지 않았기 때문이다. 열왕기상 18장 10절을 보면 아합 왕이 얼마나 엘리야를 죽이려고 찾아다녔는지를 알 수 있다. **'당신의 하나님 여호와께서 살아 계심을 두고 맹세하노니 내 주께서 사람을 보내어 당신을 찾지 아니한 족속이나 나라가 없었는데 그들이 말하기를 엘리야가 없다 하면 그 나라와 그 족속으로 당신을 보지 못하였다는 맹세를 하게 하였거늘'**

아합이 어떻게 했다는 것인가? 엘리야를 죽이려고 찾았는데, 온 나라를 다 뒤졌다고 말한다. 아합 왕은 온 나라를 뒤지면서 사람들에게 맹세를 시켰다. 즉 봤는데도 신고하지 않으면 어떤 벌도 달게 받겠다고 맹세하게 했다. 심지어 다른 주변 나라에까지 가서 엘리야를 찾았다고 말한다. 이것을 보면 하나님께서 엘리야를 아합 왕의 왕비인 이세벨의 나라로 가게 하신 하나님의 지혜를 찬양하지 않을 수 없다. 아마 엘리야가 하나님의 말씀에 순종하지 못하고 자기 나라 어딘가에 남아 있었다면 어떻게 되었을까? 분명히 잡혀서 죽었을 것이다. 등잔 밑이 어둡다고, 아합 왕은 엘리야가 자기 왕비 이세벨의 나라에 들어가 있을 거라고는 꿈에도 생각하지 못했다.

그렇다. 하나님의 말씀에 순종하는 것이 지혜다. 최고의 지혜다. 생명의 길이다. 하나님의 말씀과 자신의 생각이 부딪칠 때 정신을 바짝 차려야 한다.

그런데 이런 상황에서 하나님은 엘리야에게 아합 왕에게 가서 하나님의 말씀을 전하라고 명령하신다. 엘리야가 어떻게 하는가? 그대로 순종한다. 지체하지도 않았다. 만일 엘리야가 아합에게 가서 하나님 말씀 전하는 것에 대하여 다른 사람들과 상의를 했다면 뭐라 했을까? 십중팔구 모두 반대했을 것이다. 죽으려면 무슨 짓은 못하겠느냐고 말하는 사람도 있었을 것이다. 불 속으로 들어가는 것과 다를 바 없다고 말했을 것이다. 그러나 엘리야는 망설이지 않고 하나님의 말씀에 순종했다.

열왕기상 18장 2절이다.

'엘리야가 아합에게 보이려고 가니 그 때에 사마리아에 기근이 심하였더라.'

엘리야는 하나님의 말씀을 듣고 순종하기를 지체하지 않았다.

이런 순종은 하루아침에 되는 것이 아니다. 앞에서 언급한 것처럼 엘리야가 순종을 통한 믿음의 역사를 경험했기에 가능했다. 하나님은 우리 성도들을 인도하실 때 작은 것부터 순종하도록 훈련을 시키신다. 그래서 큰 것에까지 순종할 수 있도록 인도하신다. 엘리야는 하나님의 작은 훈련을 받을 때부터 순종해 왔다. 그릿 시냇가, 사르밧 등의 장소로 가라 할 때에 순종했으며 아합 왕을 만날 것, 사르밧 과부를 찾아갈 것 등의 말씀에 순종했다. 이런 순종을 통하여 엘리야는 하나님의 말씀을 순종하는 것이 곧 생명의 길이라는 것을 깨닫게 되었다. 이것을 깨닫고 나자 목숨이 걸린 문제까지도 하나님의 명령대로 순종할 수 있었다.

우리가 살아가는 동안 하나님은 우리 삶의 현장에서 우리를 다스리시고 우리를 훈련시키신다. 환경을 통하여 훈련하시고 사람들을 통하여 훈련하신다. 이런 이유로 우리가 만나는 환경이나 사람들에 대하여 '하나님의 렌즈'를 끼고 보는 습관을 가져야 한다. 섣부르게 원망하거나 불평하는 실수를 범하지 말아야 한다.

아합(왕상18:3-6)

본문에 등장하는 두 번째 인물은 아합이다. 바로 이스라엘 왕이다. 이 아합에 대하여 언급하고 있는 열왕기상 18장 3절로 6절을 보자.

'3 아합이 왕궁 맡은 자 오바댜를 불렀으니 이 오바댜는 여호와를 지극히 경외하는 자라 4 이세벨이 여호와의 선지자들을 멸할 때에 오바댜가 선지자 백 명을 가지고 오십 명씩 굴에 숨기고 떡과 물을 먹였더라 5

아합이 오바댜에게 이르되 이 땅의 모든 물 근원과 모든 내로 가자 혹시 꼴을 얻으리라 그리하면 말과 노새를 살리리니 짐승을 다 잃지 않게 되리라 하고 6 두 사람이 두루 다닐 땅을 나누어 아합은 홀로 이 길로 가고 오바댜는 홀로 저 길로 가니라'

아합은 왕으로서 너무나 괴로웠다. 하필 자신이 통치하는 기간에 끔찍한 가뭄이 온 나라를 덮쳤기 때문이다. 하나님 앞에서 자신의 우상숭배로 야기된 재난이었지만 아합 왕은 인정하지 않았다. 백성들이 누구를 원망했을까? 당연히 왕인 아합을 원망했다. 지금도 마찬가지다. 백성들이 살기 힘들어지고 어려워지면 정권을 잡은 사람들을 탓한다. 그러면 다음 선거에서 정권을 잃는다. 아합에게 이런 불안감이 있는 것은 당연했다. 그는 나라가 큰 가뭄으로 신음할 때 왕이 할 수 있는 일을 찾기 시작했다. 오늘 본문에서 그 일이 무엇인가? 바로 물 근원을 찾는 일, 쉬운 말로 숨어 있는 지하수를 찾는 일이다. 아합 왕은 극심한 가뭄을 극복하기 위하여 오바댜라는 신하와 함께 물을 찾기 시작했다. 본문 5절에, 모든 물 근원을 찾았다는 말씀을 보면 전국으로 돌아다니며 열심히 찾았다는 말이다. 지금 같으면 샘을 파는 기술이 좋아서 좀 수월했는지도 모르겠다.

하지만 가뭄의 원인을 살피지 않는 아합 왕의 이런 행동은 가뭄을 해결하는데 전혀 도움이 되지 않았다. 사실 아합 왕은 이 가뭄이 왜 왔는지를 아는 사람이었다. 아합 왕이 똑똑해서 아는 것이 아니라 3년 전에 엘리야가 와서 비가 오지 않는 이유에 대하여 가르쳐 주었다. 이스라엘이 가뭄으로 고통 받는 것은 그들이 하나님을 떠나 우상을 섬기고 하나님을 바르게 섬기지 않았기 때문이다. 그 원인을 해결하면 비가 오는데, 아합 왕은 그 문제를 해결하기 보다는 자신의 지혜를 더 의지했다. 하나님의 도움 없이도 살 수 있다고 생각했고 그렇게 행동했다. 아직 마르지 않은 시내를 찾고 우물을 찾으면서 하나님에 대한 불신앙을 드러냈으며 그 불신을 행동으로 옮기고 있다.

사람이 살면서 때로는 지조를 지켜야 할 때도 있다. 쉽게 변하는 것은 아름답지 못하다. 한번 결정하면 흔들리지 않는 것이 중요하다. 그러나 빨리 마음을 바꿔야 할 때도 있다. 대기업 회장들의 특징 중 하나가 변덕이 심하다고 한다. 어떤 정책 결정을 했다가 아니다 싶으면 곧 바로 취소해 버린단다. 사실 이런 변덕은 필요하다. 회사가 망하느냐 망하지 않느냐가 종이 한 장 차이로 결정되는 상황에서 지조타령을 하면 안 된다.

성도가 살면서 개성있고 지조있게 살 수 있다. 그러나 하나님의 뜻과 맞지 않을 때는 속히 개성이고 지조고 뒤집어야 한다. 뒤집지 않고 하나님과 계속 맞서게 될 때 그 대가가 너무 크다. 하나님의 뜻에 빨리 순종할수록 축복이다. 아합은 어리석게도 하나님의 뜻을 계속 거역하는 고집을 피우고 있었다.

우리는 여기서 아합 왕이 누구인지를 짚고 넘어가야 한다. 아합 왕은 하나님을 모르는 사람이 아니다. 불신자가 아니다. 구약 이스라엘은 하나님의 나라다. 즉 하나님이 다스리는 나라다. 그러므로 이스라엘 왕들은 유념하고 또 유념해야 할 진리가 있었다. 그것은 자신들 위에 진정한 이스라엘의 왕이신 하나님이 계심을 한시도 잊지 말아야 했다.

그 당시에 존재하던 다른 나라의 왕들은 자신을 왕 중의 왕이라 생각했다. 심지어 사람이 아니라 신이라고 추앙받는 왕들도 있었다. 무소불위한 왕권을 가지고 행사하던 사람들이 많이 있었다. 그들은 가능한 한 자기 마음대로 통치를 했다.

그러나 이스라엘 왕은 그럴 수 없었다. 왜냐하면 이스라엘의 진정한 왕은 하나님이셨기 때문이다. 이스라엘을 통치하는 인간 왕은 바로 만왕의 왕이신 하나님의 뜻을 받들어 백성들을 다스리는 대리통치자에 불과함을 잊지 말아야 했다.

이스라엘의 성군으로 추앙 받는 다윗 왕은 이 부분에 타의 추종을 불허했다. 하나님을 기쁘시게 하는 비결을 아는 사람이었다. 다윗은 자신이 작은 왕이고 자신 위에 진정한 이스라엘 왕이 계심을 잊지 않았다.

하나님께서 이런 다윗을 두고 어떻게 평가하셨는가? 사도행전 13장 21절로 22절이다.

'21 그 후에 그들이 왕을 구하거늘 하나님이 베냐민 지파 사람 기스의 아들 사울을 사십 년간 주셨다가 22 폐하시고 다윗을 왕으로 세우시고 증언하여 이르시되 내가 이새의 아들 다윗을 만나니 내 마음에 맞는 사람이라 내 뜻을 다 이루리라 하시더니'

다윗 앞에 있던 이스라엘의 초대 왕이 사울이다. 사울은 하나님께 불순종함으로 왕의 자리에서 폐위되었다. 사울은 자기 위에 왕이 없는 것 같이 행동했다. 그러나 그 뒤를 이은 다윗 왕은 어떠했는가? 하나님의 칭찬을 들었다. 하나님의 마음에 맞는 사람이라고 칭찬하셨다. 다윗은 평생 하나님을 자신의 진정한 왕으로 모시고 살았다. 모든 일을 행함에 있어 하나님께 여쭙고 순종했다. 이스라엘의 왕들의 흥망성쇠가 여기에 달려 있었다. 아합은 누구의 자세를 본받았나? 다윗이 아니라 사울이다. 아합 왕은 하나님의 나라를 하나님께 위임 받아 다스리면서도 하나님을 무시했다. 우상숭배를 국가적으로 끌어들여 하나님을 의도적으로 배척하는 못된 왕이었다.

하나님께서 왜 이런 이야기를 우리에게 듣게 하시는가? 그것은 우리들도 얼마든지 예수님을 믿는다는 형식만 있을 뿐, 실제 삶 속에서는 예수님과 상관없는 삶을 살 가능성이 있기 때문이다. 예수님을 믿는다는 말은 예수님을 왕으로 모시고 산다는 말이다.

감사하게도 다윗의 길을 걷는 복된 성도들이 많다. 사울의 길이 아니라 다윗의 길로 걸어간다. 하나님 마음에 합한 삶을 사는 것이다.

그러나 예수님을 믿는다고 하면서 사울의 길을 걷는 사람들도 적지 않다. 주님을 왕으로 부르지만 실제로는 자신이 왕이다. 사도신경으로 신앙고백도 하고 교회도 나오지만, 행동을 보면 예수님이 왕이 아니다. 주일은 주님의 날이다. 성도라면 특별한 이유, 즉 주님이 인정하시는 이유가 없는 한 주님의 날에 주님께 나와 예배드리는 자가 되어야 한다. 또 우리에게 들어오는 모든 물질은 하나님의 것이다. 그 근거로 성도는 십일조를 주님께 드린다. 이런 것이 바르게 되지 않는다면 우리 인생의 참된 왕이 예수님임을 인정하지 않는 것이다. 그러다보니 세상의 원리와 방법대로 즉 스스로 왕이 되어 살아간다.

아합 왕이 하나님의 뜻을 찾는 것보다 몇 마리의 말과 노새를 더 귀중히 여기고 그것을 살리려고 자신의 지혜를 따라 시내와 우물을 찾아 나서듯이 하나님을 진정한 왕으로 섬기지 않는 사람들은 돈 몇 푼 버는 것을 더 소중히 여긴다. 그러면 무엇을 만나게 되는가? 인생의 가뭄을 만나게 된다. 그 인생의 가뭄이 무엇인가? 물론 물질 일 수도 있고, 건강일 수도 있고, 인간관계일 수도 있다. 하지만 가장 충격적인 재앙은 하나님의 임재의 축복을 누리지 못하는 것이다. 다른 복의 유무는 다른 원인이 있을 수 있다. 하지만 하나님의 함께하심의 축복, 동거와 동행과 동역의 은혜의 축복은 하나님을 경외하고 바르게 섬기는 사람들에게만 주시는 영광의 복이다.

본문의 아합 왕은 하나님의 심판으로 가뭄을 만났다. 그러면 가뭄이 찾아왔을 때 아합 왕이 취해야 할 자세는 무엇이었나? 금식을 선포하고 회개했어야 한다. 우상을 끌어들인 이세벨을 내쳐야 했다. 우상섬기는 모든 자들을 처단하는 결정을 내렸어야 했다. 그 길만이 하나님의 진노를 멈추고 가뭄을 그치게 하는 유일한 방법이었지만 아합 왕은 그 바른 길을 포기하고 자신의 힘으로 가뭄의 재앙을 해결하려고 우물을 찾고 시내를 찾아 나선 것이다. 망하기를 작정한 사람이다.

혹시 우리 중에 이런 사람은 없는가? 이런 인생은 쓴 뿌리를 경험하게 될 것이고 가시와 엉겅퀴를 거두게 된다. 즉시 돌이켜야 한다. 우리 중에 어떤 가뭄이든지 인생의 가뭄을 만나고 있는 분들이 있다면 자신이 가고 있는 길을 점검해보는 시간이 되기를 바란다. 하나님을 떠나 살면서 하나님의 방법이 아닌 내 방법대로만 걸어가다가 만난 가뭄이 아닌지를 살펴봐야 한다. 그 가뭄을 이겨내는 방법으로 하나님의 방법을 찾는 것이 아니라 자신의 방법만을 붙들고 있지는 않은지를 점검해봐야 한다.

가뭄을 해결하는 방법이 무엇인가? 하나님의 방법은 하늘 문을 열고 비를 주심으로 해결해 주신다. 인간의 방법은 지하수와 시내를 찾는다. 어떤 방법이 궁극적인 해법일까? 답은 나와 있다. 우리가 살아가면서 아합 왕이 걸어갔던 길은 어떤 일이 있어도 걸어가지 말아야 한다. 인생의 가뭄이 나의 불순종으로 인한 것이라면, 내가 하나님의 뜻대로 살지 못하고 세상의 방법대로 살아서 찾아온 것이라면 우리는 겸손히 무릎을 꿇고 하나님 앞에 엎드려 회개해야 한다. 그 길만이 소망의 길이며 생명의 길이다. 하나님께서 하늘 문을 열고 인생의 가뭄을 해결하게 하시는 방법이다. 3년 6개월 동안 당할 고난 다 당하는 어리석은 아합 왕과 같이 되어서는 안 된다. 우리가 엎드릴 때, 우리가 회개할 때 하나님은 즉각 하늘 문을 여시고 인생의 가뭄을 회복하게 하신다.

오바댜(왕상 18:7-15)

본문의 세 번째 등장인물은 오바댜라는 사람이다. 발음하기도 쉽지 않은 이름이다. 첫 번째인 엘리야는 목숨이 왔다 갔다 하는 환경 속에서도 신앙의 최고 모습을 보여준 사람이다. 아합은 다른 사람까지 망하게 하는 최악의 사람임을 보여줬다. 여기 세 번째로 등장하는 오바댜라는 사람은 다른 관점을 우리에게 보여준다.

아합은 비록 못된 왕이었지만, 매우 신뢰할만한 신하 한 명을 두고 있었다. 바로 그 사람 이름이 오바댜다. 더 놀라운 이야기가 본문 3절에 기록되어 있다.

'아합이 왕궁 맡은 자 오바댜를 불렀으니 이 오바댜는 여호와를 지극히 경외하는 자라'

이 말씀은 많은 것을 생각하게 된다. 분명히 그 당시에는 하나님을 믿는 신앙이 위축되고 핍박받던 시대였다. 그런 상황 속에서 하나님을 섬기는 것이 가능한가? 그것도 여호와를 지극히 경외하는 상태가 가능한가? 그렇다면 이 오바댜가 어떻게 여호와를 지극히 경외하면서 섬겼는가? 엘리야는 아합 왕을 찾아가다가 오바댜를 만났다. 엘리야는 오바댜에게 아합 왕과 만나게 해 달라고 부탁한다. 오바댜는 사정 이야기를 하면서 자신을 긍휼이 여겨 줄 것을 엘리야에게 부탁하면서 한 말이 열왕기상 18장 13절이다.

'이세벨이 여호와의 선지자들을 죽일 때에 내가 여호와의 선지자 중에 백 명을 오십 명씩 굴에 숨기고 떡과 물로 먹인 일이 내 주에게 들리지 아니하였나이까.'

그 당시 끔찍한 상황을 오바댜가 말하고 있다. 이세벨이 하나님의 선지자들을 잡아서 죽였다고 말한다. 이제는 이스라엘의 상황이 하나님을 섬기는 것이 쉽지 않은 시대, 심지어 죽음까지 각오해야 하는 시대임을 말하고 있다.

그래도 명색이 국민 대다수가 하나님을 믿는 사람들인데도 그 나라의 왕인 아합은 이방 나라 왕비인 이세벨과 결혼했다. 첫 단추가 잘못 꿰어진 것이다. 왕비 이세벨은 바알이라는 우상을 가지고 이스라엘로 시집왔다. 이세벨은 아합 왕과 결혼할 때 이것을 조건으로 내세웠을 것이고 아합 왕이 허락했다. 하나님의 나라에 참으로 어이없는 일이 벌어진 것이다.

그러나 정신이 제대로 박혀 있던 하나님의 선지자들은 하나님과 우상을 함께 섬기는 것을 결사적으로 반대했다. 이세벨은 이것을 빌미로 종교 간에 타협하지 않는 독선에 빠진 자들을 그냥 놔두면 국론이 분열되고 혼란에 빠져 나라가 위기에 처할 수 있으므로 죽여야 한다고 남편에게 말했을 것이고, 이세벨의 이러한 주장에 대하여 하나님을 제대로 섬기지 않던 줏대 없는 아합이 부인의 요구를 들어줬다.

요즘 우리 사회에 불고 있는 종교다원주의 경향은 그 뿌리가 깊다. 카톨릭 교회는 공개적으로 부처님 오신 날을 축하한다고 메시지를 보낸다. 불교는 오래전부터 성탄절이나 부활절에 축하메시지를 보내오고 있다. 함께 잘해보자는 것이다. 적지 않은 개신교단들도 'WCC' 즉 교회 협의회에 소속되어 있다. 그러면서 세계적인 모임을 가질 때 심지어 무당들도 초청하여 참여시킨다. 예배도 드리고 굿도 한다. 이런 모습을 갈멜산의 엘리야가 본다면 어떻게 하겠는가?

사람들은 이런 시류에 응하지 않는 성도들을 속 좁은 사람들이라 비아냥거린다. 맞다. 우리는 속 좁은 사람들이다. 구원은 오직 예수님을 믿을 때만 가능하다고 주장하는 사람들이다. 이런 이유로 세상 사람들은 말한다. 자신들이 종교를 선택하게 된다면 아량 있는 불교나 카톨릭이나 자유주의 기독교를 선택하겠단다.

여기 구원의 신비가 있음을 잊지 말아야 한다. 사실 내가 예수님을 선택하는 것도 맞지만 예수님 또한 나를 선택하지 않으시면 내가 하나님의 백성이 될 수 없음을 말이다.

그렇다면 이렇게 이스라엘의 신앙이 엉망인 가운데 하나님께서 오바댜의 신앙을 칭찬하신 이유가 무엇인가? 엘리야와 비교해 보면 그 차이를 알 수 있다. 하나님께서는 엘리야에게는 하나님의 뜻이 필요할 때마다 분명하게 말씀해 주셨다. 그러나 오바댜에게는 하나님이 분명하게 말씀해 주지 않으셨다. 오히려 오바댜는 하나님의 분명한 뜻을 찾기 위하여 늘 애를 썼다. 다시 말해서 주어지는 상황 마다 하나님의 분명한 뜻을 찾기가 쉽지 않았다.

오바댜는 하나님을 제대로 믿지 않는 아합 왕을 섬기면서 어떻게 말하고 행동해야 할지를 놓고 늘 기도했다. 죽음에 처한 선지자들을 어떻게 건질 것인가를 놓고도 늘 고민하면서 기도했다. 관직에 있으면서 하나님을 바르게 섬기는 성도로서 어떻게 행동해야 할 것인가에 대하여 고민했다. 분명한 방법과 길이 보이지 않으므로 늘 하나님과 상의하고 교제하고 기도했다. 관직을 그만둘 것인가 말 것인가를 놓고도 하나님의 뜻을 찾아야 했다.

우리는 본문을 통하여 오바댜가 어떤 성격을 가진 사람인가를 알 수 있다. 오바댜는 엘리야처럼 당당한 사람이 아니었다. 7절 이하에서 오바댜는 아합 왕을 만나기 위해 가는 엘리야를 만났다. 엘리야는 오바댜를 보자 아합 왕에게 가서 여기서 왕을 기다릴 테니 왕을 데리고 오라고 부탁했다. 그랬더니 오바댜가 말하기를, 그렇게 하는 것은 좋은데 만약 자신이 아합 왕을 데리고 왔는데 하나님께서 엘리야를 다른 곳으로 옮기시는 날이면 자신은 아합 왕에게 죽을 것이라고 말하고 있다.

오바댜는 솔직한 사람이었다. 또 두려움에 대해서도 가식 없이 말하는 사람이었다. 없는 것을 있다고 말하는 사람이 아니었다. 두려울 때는 두렵다고 말하는 사람이었다. 오바댜는 엘리야와 이런 면에서 달랐다. 엘리야가 직면한 대부분의 현실은 세상 말로 죽느냐 사느냐의 갈림길이었다. 그런 상황에서 엘리야는 과감하게 하나님의 말씀을 붙잡은 것이다. 아직까지는 성경에 엘리야가 두렵다고 말한 적이 없다. 그러나 오바댜는 엘리야의 상황보다는 좀 더 복잡하고 세속화 된 세상에서 하나님의 뜻을 찾아

구체적인 믿음생활을 하고 있던 사람이었다.

이런 관점에서 오바댜는 우리가 세상에서 살 때 본 받아야 할 좋은 모범이다. 이 세상은 믿음의 사람들이 살아가기에 쉽지 않다. 너무나 복잡하다. 무엇이 하나님의 뜻인지를 분명하게 알 수 없을 때가 많다. 그래서 어떤 성도들은 세상을 이원론적으로만 생각한 나머지 웬만하면 세상을 등지려고 한다. 갈등이 있고 신앙적인 색깔이 맞지 않는다고 생각하면 직장을 정리하고 자영업이나 다른 개인 사업을 하려고 한다. 그렇게 할 수도 있지만, 아니다. 우리는 세상의 소금이요 빛이다. 우리도 오바댜처럼 세상 깊숙이 들어가야 한다. 죄악이 관영하는 세상 깊숙이 들어가서 예수님의 빛을 비추고 예수님의 맛을 내야 한다. 그 속에서 하나님께 기도하고 몸부림치며 하나님의 뜻을 찾아야 한다. 우리가 그렇게 하지 않으면 선지자 100명이 죽을 수도 있다. 오바댜는 그렇게 해서 선지자 100명을 살린 것이다. 세상에는 하나님이 사랑하시는 '현대판 선지자들 100명'이 우리의 구원의 손길을 기다리고 있다. 하나님은 우리들에게 생명 살리는 일이 중요하기 때문에 그곳에서, 세상에서 일하라고 말씀하신다.

세상은 언제나 혼돈 그 자체다. 세상은 하나님을 제대로 섬기기에 적당하지 않은 환경들이 너무나 많다. 많은 분들이 환경 탓을 하면서 세상과 타협을 한다. 환경 탓을 하면서 세상과 하나가 될 때가 많다. 그렇다면 우리는 오바댜에게서 배워야 한다. 오바댜는 환경 탓을 하지 않은 사람이다. 하나님을 섬기기 힘든 상황 속에서도 신앙을 잃지 않고 늘 기도하며 하나님의 인도를 받아 비둘기 같은 순결함과 뱀 같은 지혜로 신앙의 정도를 걸었던 사람이다. 만만치 않은 세상에서 하나님을 바르게 섬기는데 또 하나의 최고가 되었던 사람이다.

이 세상은 양면성을 가지고 있다.

하나님을 섬기는 우리들이 살아가기에 결코 쉽지 않은 구조를 가지고 있다. 왜냐하면 아직도 죄가 왕 노릇하기 때문이다. 우리의 삶의 현장에서 하나님의 백성으로 살기가 녹록치 않다.

그러나 또 한편으로는 세상은 성도들에게 놓칠 수 없는 기회를 제공한다. 하나님의 백성의 정체성을 드러내기에 이 세상보다 더 좋은 곳도 없다. 죄악이 관영하기 때문에, 예수님이 선물로 주신 '의'로 죄를 눌러 이길 수 있다. 아니 하나님께서 우리에게 주신 믿음의 선물로 세상을 이길 수 있다. 우리는 연약하고 힘이 없지만, 우리 안에 사시는 전능하신 성령님을 의지할 때 천하무적의 능력이 우리를 통하여 드러난다. 즉 하나님이 말씀하실 때 '아멘' 하면 능력이 임한다. 믿음의 역사가 일어난다. 엘리야나 오바댜가 하나님께 '아멘' 함으로 그런 능력을 덧입고 살았다. 우리는 하나님의 말씀을 통하여 그들이 남긴 간증을 읽고 들을 수 있다.

아합은 유감스럽게도 믿음으로 살지 못했다. 하나님의 말씀에 아멘으로 응답하지 않았다. 그에게는 믿음이 없었다. 그러니 그 믿음을 사용할 수도 없었다.

오늘 우리는 어떤가? 믿음이 있는가? 그 믿음을 엘리야와 오바댜처럼 사용하고 있는가? 그러면 주님께서 믿음의 역사를 우리 삶의 현장에 일으켜 주실 것이다.

토의 문제

1. 성경에 수많은 인물들이 나온다. 하나님은 그들에 대하여 평가를 하신다. 평가의 기준이 무엇일까에 대하여 나눠 보라.

2. 엘리야에 대하여 배운 것을 나눠 보라.

3. 아합에 대하여 배운 것을 나눠 보라.

4. 오바댜에 대하여 배운 것을 나눠 보라.

기도

1. 토의 내용을 통하여 하나님께 찬양하고 감사하며 고백하고 회개하라.

2. 토의 내용을 통하여 주신 기도제목을 가지고 간구하라.

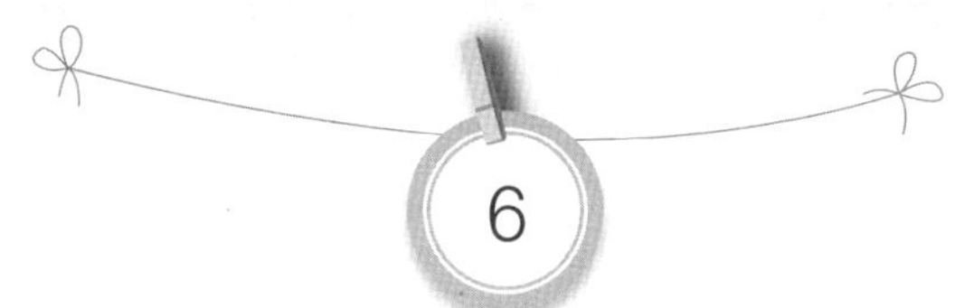

만군의 여호와

(왕상18:15-18)

엘리야는 하나님을 섬기는 데 있어서 성도의 본이 된다. 엘리야는 하나님의 뜻이 주어지면 그대로 따르고 순종하는데 지체하지 않았다. 그 비결이 무엇이었나? '아멘'이었다. 많은 사람들이 믿음과 행함을 강조한다. 맞다. 행함이 없는 믿음은 죽은 믿음이다. 그렇다면 누가 행함이 있는 믿음의 사람이 될 수 있는가? '아멘'의 사람이다. 하나님의 말씀이 선포될 때 즉시 아멘 하는 사람이 행함이 있는 믿음의 사람이 된다. 하나님의 말씀에 아멘 한다는 의미는 하나님 앞에 믿음을 사용한다는 뜻이다. 그렇게 할 때 믿음의 역사를 성령님께서 일으켜 주신다. 이 비결을 터득한 엘리야는 언제나 '자신에게 임하는 여호와의 말씀'을 사모하고 기다렸다. 왜냐하면 아멘 할 때 하나님으로부터 순종의 능력이 공급되었기 때문이다.

그에 비하여 바알 우상을 숭배하던 하나님의 백성인 아합은 우리가 본받지 말아야 할 사람이다. 하나님의 백성이면서도 백성이기를 포기한 아합은 '아멘' 할 줄을 모르는 사람이었다. 하나님 말씀이 주어질 때 아합은 아멘 대신 이유를 달았다. 그 결과 그는 자신의 소견에 옳은 대로 행동하다가 패가망신 하고 말았다. 아합은 우리와 멀리 떨어져 있는 사람이 아니다. 만일 우리도 하나님의 백성이라 스스로 생각하면서 하나님의 말씀에 순종하지 않고 인생을 살아가고 있다면 현대판 아합이다. 하나님을 믿는다고 하면서 순종이 행동으로 나타나지 않는다면 우리도 아합의 길을 걸어가고 있는 것이다.

오바댜의 예도 귀하다. 신앙생활이 쉽지 않은 환경에서도 믿음을 지키면서 하나님의 길을 멋지게 걸어간 사람이 오바댜다. 우리가 살아가는 이 시대 역시 신앙생활을 바르게 하기가 점점 어려워지고 있다. 하나님을 섬기는 믿음생활은 양면성을 가지고 있다.

많은 어려움도 있으나 살아계신 하나님의 능력을 드러내는 귀한 현장도 된다. 이런 현실 속에서 오바댜는 우리에게 그 지혜의 길을 보여주고 있다. 세상과 타협하지 않으면서도 하나님의 길을 묵묵히 걸어가고 있는 오바댜는 우리에게 큰 도전과 꿈을 주는 신앙의 모델이다.

열왕기상 18장 1절에서 하나님은 비를 내려 주실 것을 말씀하고 있다.

그렇다. 하나님은 가뭄도 주실 수 있고 비를 내려 주실 수도 있다. 본문에서 날씨를 주관하시는 분으로 말씀하시는 이유는 그 당시 사람들이 날씨를 주관하는 신에 대하여 잘못 알고 있었기 때문이다. 백성들은 하나님의 품을 떠나 '바알'이라는 우상을 섬겼다. 이 바알은 농경을 주관하는 풍요의 우상이었다. 이스라엘 백성들은 가나안 땅에 정착하여 살면서 그 땅 백성들이 섬기던 바알을 섬겨야 농사를 잘 지을 수 있다는 잘못된 생각을 가지게 되었다.

하나님은 백성들의 생각과 판단이 잘못되었음을 깨닫게 하시기 위하여 그 땅에 3년 6개월의 가뭄과 흉년을 주셨다. 이런 상황에서 이스라엘 백성들이 비를 내려주는 신으로 섬겼던 바알과 아세라는 전혀 도움이 되지 않았다.

우리 하나님은 만왕의 왕이시다. 온 우주를 다스리는 분이시다. 세상의 모든 것을 주관하시는 분이다. 눈과 비를 마음대로 내리실 수 있는 분이다. 우리는 우리의 하나님을 오해하면 안 된다. 신앙생활을 하면서 하나님을 오해하면 하나님의 축복을 누릴 수 없다. 성경에서 드러내시는 하나님을 바르게 알아야 할 이유가 여기 있다. 하나님을 바르게 알고 섬겨야 복이 임한다. 영원한 생명을 누린다.

살아계신 하나님(왕상 17:1; 18:15)

본문은 하나님께서 엘리야에게 아합을 다시 찾아가서 만나라는 말씀 다음에 나오는 내용이다. 아합은 이스라엘 왕이었다. 하나님을 떠난 왕이었다. 본문 앞에 나오는 열왕기상 18장 1절 이하에 보면 엘리야와 아합 두 사람의 행보의 차이를 발견할 수 있다.

어떤 행보인가? 아합 왕은 자신의 재산을 보호하려고 시내와 물을 찾아 길을 떠난다. 엘리야도 길을 떠난다. 어떤 목적으로 길을 떠나고 있는가? 바로 하나님의 말씀에 순종하려고 길을 떠난다. 아합과 엘리야의 인생의 목적이 이 간단한 모습 속에서 분명히 드러나고 있다. 엘리야는 평생 어떻게 하면 하나님의 말씀에 순종하며 살아갈 것인가를 고민하며 살았다. 반면 아합은 이스라엘의 왕으로서 평생을 어떻게 하면 자신의 이익과 안녕을 추구할 것인가를 생각하며 살았다. 우리 모두는 인생이라는 놀라운 길을 걸어가고 있는 사람들이다. 엘리야와 아합의 관점으로 볼 때 모든 사람들도 이 둘 중의 하나에 속한다.

어떤 사람들은 평생을 살면서 엘리야처럼 살아간다. 어떻게 하면 자신에게 기대하시는 하나님의 뜻을 이루며 살 것인가를 고민한다. 한 가지의 생각, 한 마디의 말, 한가지의 행동을 할 때마다 하나님의 뜻을 생각한다. 일 년을 살아도 10년을 살아도 하나님의 뜻대로 살아가는 것에 대하여 생각한다. 잘 되지 않을 때도 많으나 이 생각을 놓치지 않는다. 평생 오직 하나님의 뜻이 자신을 통해서 이루어지고 있나 없나를 점검한다. 이런 인생이 복된 인생이다. 후회가 없는 인생을 사는 것이다. 여기에 인생의 진정한 행복이 있고 기쁨이 있다. 엘리야가 바로 이런 인생을 살았다.

그런가 하면 어떤 사람들은 아합처럼 살아간다. 그 인생의 여정에 하나님의 뜻이 뚫고 들어올 공간이 없다. 어떻게 하면 이 땅에서 배부르고 호의호식하며 살아갈까만을 고민한다. 자신을 통해서 이루어질 하나님의 나라에 대해서는 별로 관심이 없다. 하나님이 주시는 영원한 상급 같은 것은 생각도 하지 않는다. 하나님의 뜻을 어겼기 때문에 가뭄이 찾아왔지만, 관심사 전부가 자신이 소유하고 있는 동물 몇 마리 굶어죽는 것에만 신경을 쓰고 살았던 아합 왕과 같이 오직 자신의 안녕과 유익에만 관심이 있다.

우리는 항상 스스로를 점검해보아야 한다. 나의 관심사는 무엇인가?

내가 이 땅에 어떤 이유로 존재하며 또 살아가야 하는가? 인생 역사가, 나의 수명이 계속 연장되고 있는 것이 과연 하나님 앞에서 어떤 의미가 있는가? 아합과 같은 인생의 목적을 이루기 위하여 우리의 생명 연장이 필요한 것인가? 아니면 엘리야와 같이 하나님의 뜻을 이루어 드리기 위한 것인가?

엘리야처럼 하나님의 뜻을 이루고 순종하는 데서 우리 삶의 의미를 찾아야 하고 또 그 의미를 찾을 수 있다. 왜냐하면 그것이 인생에 있어서 진정한 남는 장사이기 때문이다. 그 당시에는 아합이 더 지혜롭게 보였을지 모른다. 그러나 다시 보라. 지금 그들이 세상을 떠난 가운데 우리의 역사 속에서 누가 더 인정을 받고 있는가? 또 천국에서 하나님이 누구를 더 인정하실까? 아합이 아니다. 단연코 엘리야다. 엘리야를 하나님이 높이 올리셨다. 하나님은 엘리야의 영생을 보장해 주시고 본문 말씀을 통하여 오고 오는 모든 세대에게 엘리야를 자랑하고 계신다. 엘리야처럼 복된 인생을 살아야 한다고 말씀하신다.

그런데 본문에는 아합 왕을 두 번째 만나는 엘리야의 신앙적인 변화가 나타나고 있다.

열왕기상 18장 15절이다. **'엘리야가 이르되 내가 섬기는 만군의 여호와께서 살아 계심을 두고 맹세하노니 내가 오늘 아합에게 보이리라'**

이 말은 아합 왕의 신하였던 오바댜에게 엘리야가 하는 말이다. 엘리야는 오바댜에게 오늘 아합 왕을 반드시 만날 것이라고 맹세하고 있다. 왜 맹세하는가? 만나겠다고 말만 하고 엘리야가 갑자기 사라지면 오바댜는 죽을 수도 있다. 그래서 엘리야가 오바댜 앞에서 하나님의 이름으로 맹세하고 있다. 반드시 아합 왕을 만나겠다는 말이다.

여기 엘리야에게 일어나는 믿음의 변화를 놓치면 안 된다. 이 상황은 엘리야가 아합 왕을 두 번째 만나는 것이다. 그러므로 엘리야의 신앙적인 변화를 살펴보기 위해서는 엘리야와 아합의 첫 번째 만남의 현장으로 가볼 필요가 있다. 그 첫 번째 만남의 상황이 열왕기상 17장 1절에 나온다. **'길르앗에 우거하는 자 중에 디셉 사람 엘리야가 아합에게 말하되 내가 섬기는 이스라엘의 하나님 여호와께서 살아 계심을 두고 맹세하노니 내 말이 없으면 수 년 동안 비도 이슬도 있지 아니하리라 하니라'**

여기 엘리야의 신앙적인 변화를 보여주는 중요한 단서를 발견할 수 있다. 엘리야는 하나님의 명령을 받고 가서 아합 왕을 만날 때 하나님을 소개하고 있다. 뭐라고 소개하고 있는가? **'내가 섬기는 이스라엘의 하나님 여호와께서 살아계심을 두고 맹세하노니'**라고 하나님을 소개한다. 즉 첫 번째로 아합 왕에게 갈 때 소개하던 하나님은 **'살아계신 하나님, 살아서 역사하시는 하나님'**이었다.

어떤 분들은 하나님을 살아계신 하나님이라고 하면 마음에 들어 하지 않는다. 그 이유가 뭐냐 하면 하나님께서 언제 죽은 적이 있느냐, 언제나 살아계신 하나님을 살아 계시다고 하니까 이상하다는 것이다. 그렇게 말하면 '사랑의 하나님, 전능하신 하나님, 창조주 하나님' 등등의 이름도 부르지 말아야 한다. 살아계신 하나님이라는 말은 사람들이 만들어 낸 말이 아니라 엄연히 성경에 등장하는 말이다.

엘리야는 살아계신 하나님이라고 아합 왕에게 소개했다. 그 살아계신 하나님의 이름을 아합 왕에게 소개했다는 것은 하나님이 언제나 역사하시는 분임을 말한 것이다. 뿐만 아니라 살아서 역사하신다는 말은 생명을 주관하시고 삶에 모든 필요를 채우시는 분이라는 뜻이다.

그런데 아합 왕에게 두 번째로 나아가기 전에, 아합의 신하였던 오바댜에게 소개하고 맹세하는 하나님은 살아계신 하나님이 아니다. 그러면 어떤 하나님인가?

15절에 보니까 **'만군의 여호와께서 살아 계심을 두고 맹세하노니'**라고 말씀한다.

그러니까 오바댜에게 소개하는 하나님은 **'만군의 하나님'**이다. 즉 천군천사를 거느리신 하나님, 수만의 전사를 거느리신 하나님이라는 의미다. 엘리야는 만군의 하나님으로 소개하고 있다. 이와 같이 하나님에 대한 두 가지 표현을 사용한다는 것은 엘리야의 신앙이 가뭄을 거치는 3년 동안 변화되고 성숙해졌다는 것을 드러내는 것이다.

17장 1절에서 말씀하고 있는 '살아계신 하나님'이라는 의미는 생명의 하나님으로서 생명을 주시는 분임을 뜻하는 하나님의 성품을 강조한 것이다. 즉 우상숭배에 빠져서 참된 생명의 길을 포기한 아합과 이스라엘 백성들에게 생명과 직결되는 비가 3년 이상 오지 않을 것을 경고하므로 회개하고 돌아올 것을 촉구하면서 소개한 하나님의 이름이었다.

만군의 여호와(왕상18:15)

또한 이 말의 의미는 엘리야가 첫 번째 아합 왕 앞에 왔을 때, 자신의 생명을 걸고 왔지만 하나님만이 생명의 주관자이심을 믿고 왔었다는 것이다. 살아계셔서 생명을 주관하시는 생명의 하나님께서 자신의 목숨도 지켜주실 것을 믿고 아합 왕에게 나아왔던 것이다.

그러나 왕상 18장 15절에서 말씀하고 있는 하나님의 이름인 '만군의 여호와'는 좀 더 차원이 다른 하나님의 이름이다. 만군의 여호와라는 하나님의 이름은 성경에서 다윗이 처음으로 사용한 말이다. 다윗은 불레셋의 장군 골리앗과 싸울 때 처음으로 이 말을 사용했다. 구약성경 사무엘 상 17장 45절이다.

'다윗이 블레셋 사람에게 이르되 너는 칼과 창과 단창으로 내게 나아오거니와 나는 만군의 여호와의 이름 곧 네가 모욕하는 이스라엘 군대의 하나님의 이름으로 네게 나아가노라'

'만군의 여호와'라는 이 말은 '이스라엘 군대의 하나님'이라는 뜻이다. **'여호와 사바오트'**다. 셀 수 없이 많은 군대를 거느리신 여호와 하나님이라는 뜻이다. 여호와 하나님이 가뭄과 비를 주관하시는 하나님이실 뿐만 아니라 전쟁도 주관하시는 하나님임을 보여주는 말씀이다. 그렇다. 하나님은 만군을 좌지우지 하는 분이시다. 셀 수 없는 군대를 주관하는 하나님이시다.

다윗이 골리앗에게 나아갈 때 만군의 하나님의 이름으로 나아간다는 뜻은 만군과 하나님을 대표해서 전쟁에 나아간다는 당찬 의미다. 아울러 자신의 뒤에는 하나님의 천군천사와 만군의 하나님이 계심을 믿고 나아가는 것이다. 뿐만 아니라 다윗 자신은 그 만군의 장수로 이 전쟁에 참여하고 있다는 위대한 신앙고백인 것이다.

엘리야도 마찬가지다. 지금 오바댜에게 자신이 섬기는 하나님을 만군의 하나님으로, '여호와 사바오트'로 소개하고 있는 이유는 자신이 지금 만군의 하나님의 종으로 하나님의 전쟁을 하기 위하여 아합을 만나려고 한다는 뜻이다. 뿐만 아니라 하나님을 대표해서 하나님의 전권대사로 아합에게 나아갈 것임을 말씀하고 있다. 실제로 본문 뒷부분에서 엘리야는 하나님의 위대한 전쟁을 수행하고 있다. 엘리야는 바알 우상을 섬기는 선지자 450명과 아세라 우상을 섬기는 선지자 400명과 전쟁한다. 그 전쟁은 하나님이 보내신 만군의 군대와 함께 하는 전쟁이었다. 그러니까 엘리야는 하나님의 군대를 이끄는 장군이었다. 진짜 위대한 '장군님'이었다.

그러니까 다윗이나 엘리야가 하나님을 만군의 하나님으로 소개하고 고백하는 것은 자신이 이제는 살아계신 하나님의 보호를 받을 뿐만 아니라 한걸음 더 나아가 하나님의 전쟁을 수행하는 장수임을 말하는 것이다. 할렐루야!

이 얼마나 멋진 모습인가? 이런 모습은 오늘날 우리의 신앙이 지향해야 할 과정이고 목표다. 하나님은 우리의 신앙이 살아계신 하나님을 믿을 뿐만 아니라 만군의 여호와를 고백하는 신앙의 용사가 되기를 바라신다.

신앙생활을 하는 많은 분들의 신앙이 만군의 여호와를 고백하는 데까지 오지 못한다. 이유가 무엇인가? 엘리야를 보면 알 수 있다. 엘리야가 만군의 여호와 하나님으로 고백할 수 있었던 것은 '살아계신 하나님'을 제대로 경험했기 때문이다. 즉 왕상17장 1절에서 말씀한 '여호와 엘로힘'의 축복을 누리고 있었기 때문이다.

즉 스스로 계시며 전지전능하셔서 천지를 창조하신 하나님이 주시는 축복을 놓치지 않았다. 자신의 모든 필요를 채우시는 복을 받아 누렸다. 이 신앙이 얼마나 귀한지 모른다. 모든 생명의 주인이시요, 우리의 생명을 주관하시는 분으로 하나님을 알고 의지할 때 그 복이 임한다. 우리는 이 생명의 주님이 주시는 도움 없이는 한 순간도 살아갈 수 없는 연약한 죄인이요 사람들이다. 우리는 살아계셔서 생명을 주관하시는 여호와 하나님이 주시는 축복을 놓치지 말아야 한다. 부족한 것이 있을 때 말씀드리고 구해야 한다. 몸이 아플 때 건강을 위하여 기도해야 한다. 답답한 것이 있을 때 상의해야 한다. 하나님의 도움을 전적으로 의지하고 요청하면서 살아야 한다. 하나님께서 그것을 기뻐하신다. 이것을 위하여 구하고 찾고 두르리라고 하셨다. 우리의 부족을 기도해서 응답받을 때 그 기쁨이란 말로 표현할 수 없다. 감사와 찬송이 절로 나오고 예수님을 믿는 보람을 느낀다.

그렇다면 이 생명의 축복을 제대로 누리는 사람들에게 나타나는 반응, 열매는 무엇일까?

바로 '만군의 여호와 하나님, 여호와 사바오트'를 고백하게 된다. 우리의 필요를 채우시는 하나님의 축복이 너무 감사하여 성숙한 신앙의 발걸음을 내딛는다. '여호와의 전쟁'에 전사로 나선다. 왜 많은 사람들의 신앙이 '만군의 여호와'를 고백하지 못하는가? 왜 하나님의 위대한 전사들로 헌신되지 못하는가?

그것은 삶속에서 '여호와 엘로힘' 즉 생명을 주시는 하나님을 경험하지 못하기 때문이다. 하나님의 넘치는 축복을 누리지 못한다. 그러면 '만군의 여호와'를 고백하지 못한다. 하나님의 전사로서 충성하거나 헌신하지 못한다. 영적 어린아이로 머문다. 하나님이 모든 것을 공급하시고 위로도 해 주시고 영혼도 축복하시고 모든 필요를 공급하시는데, 그 축복을 누리지 못하니 다른 데서 위로를 구하고 필요를 채우려 한다. 생명의 하나님을 경험하게 될 때 하나님 한 분만으로 만족한다는 의미를 알게 된다. 신앙적 어린 아이들의 특징은 모든 원인을 밖에서 찾는다. 아니다. 하나님에게서 모든 필요를 채워보라. 오히려 다른 사람들의 필요까지 채우는 능력을 덧입는다. 하나님 한 분만으로 만족하지 못하니 사람이나 환경에서 필요를 채우려 한다. 사람에게서는 그런 필요를 채울 수 없다. 자신이 증명하고 있지 않은가? 내 자신이 심한 결핍을 느끼고 있는데, 누구에게서 채운단 말인가? 생명의 여호와 하나님만이 우리의 진정한 필요를 채워주신다. 그것을 누릴 때 우리는 한 걸음 더 나아가 '만군의 여호와'를 부르게 된다.

다윗과 엘리야는 이것을 정확하게 이해했다. 자신의 필요를 채워주시는 하나님을 신뢰했고 풍성하게 경험했다. 이런 경험은 성도들에게 놀라운 능력으로 다가온다. 감사로 다가온다. 이것은 믿음의 성장으로 이어져 이제는 영광되게도 하나님의 필요를 채우는데 자신들이 헌신과 충성을 다짐한다. 그래서 엘리야는 오바댜에게 자신이 믿는 하나님을 '만군의 여호와, 여호와 사바오트'로 소개한 것이다.

우리의 믿음은 어디에 머물고 있는가? 우리는 하나님을 어떤 이유로 섬기고 있는가? 왜 교회에 나오며 왜 예수님을 믿는가? 그것이 단지 우리의 필요를 일방적으로 채우기 위함이라면 우리의 신앙은 아직 어린아이 수준이다. 하나님을 섬기는 이유가 단지 우리 가정의 안정적인 경제문제와 관련이 있다면 하나님의 충만함을 경험하고 있지 못하다는 증거다. 마음의 평화와만 관련이 있다면 한 걸음 더 앞으로 나아가야 한다. 하나님을 섬기는 이유가 내 자신의 유익을 위한 그 무엇에만 있다면 더 성숙해져야 한다. 이 말은 아직도 하나님의 충만하심을 누리고 있지 못하다는 말이다. 하나님은 예수님 안에서 우리에게 모든 것을 주셨다.

심지어 로마서 8장 32절에서 이렇게 말씀하신다.

'자기 아들을 아끼지 아니하시고 우리 모든 사람을 위하여 내주신 이가 어찌 그 아들과 함께 모든 것을 우리에게 주시지 아니하겠느냐' 왜 우리가 하나님을 '만군의 여호와'로 불러야 하는가? 바로 왕권을 행사하게 하시기 위함이다.

만군의 여호와의 이름으로(왕상18:16-18)

하나님은 우리를 상속자로 세우셨다. 하나님은 만왕의 왕이시다. 예수님을 믿는 우리는 하나님의 자녀다. 하나님의 자녀들이 이 세상에서와 오는 세상에서 예수님과 더불어 세세토록 왕 노릇하게 하신다고 말씀하셨다. 만군의 여호와로 알고 다윗처럼, 엘리야처럼 하나님의 전쟁을 수행할 때 그것을 이해한다. 왜 우리를 왕이라 하는지를 말이다.

엘리야에게 이런 신앙의 성숙함이 어떻게 가능했을까? 그것은 3년이 넘는 시간 동안 하나님께서 시키시는 믿음훈련에 순종한 결과다. 다시 말하면 엘로힘의 하나님을 풍성하게 경험한 결과다. 생명의 하나님의 축복을 만끽한 결과다. 신앙의 성숙은 가만히 있어도 오는 것이 아니다. 우리의 삶에 주어지는 다양한 환경은 모두가 하나님의 훈련도구라 했다. 그 어떤 것도 하나님의 허락 없이 우리에게 찾아오지 않는다. 우리가 만나는 사람이나 모든 환경은 하나님의 훈련도구들이다. 그릿 시냇가와 사르밧에서 일어났던 모든 여건들은 엘리야를 훈련시키는 도구요 과정이었다. 엘리야가 만난 사르밧 과부나 아합도 마찬가지다. 엘리야는 가는 곳마다 전혀 불평 없이 하나님의 뜻을 따라 훈련을 받았다. 믿음으로 하나님의 말씀을 받았다. 아멘으로 하나님의 말씀을 받았다. 그 결과 살아계신 하나님을 믿음으로 견고하게 붙잡을 뿐만 아니라 만군의 여호와 하나님을 부르는 단계까지 나아갔다. 즉 자신의 모든 필요를 채우시는 하나님을 믿었을 뿐만 아니라 하나님의 필요를 채우는 단계에까지 신앙이 성숙해졌다는 말이다.

이렇게 준비가 된 엘리야는 드디어 아합 왕과 마주치게 된다. 이제 하나님을 대표해서 본격적인 전쟁을 시작하고 있다. 왕상 18장 16절로 18절이다.

'16 오바댜가 가서 아합을 만나 그에게 말하매 아합이 엘리야를 만나러 가다가 17 엘리야를 볼 때에 아합이 그에게 이르되 이스라엘을 괴롭게 하는 자여 너냐 18 그가 대답하되 내가 이스라엘을 괴롭게 한 것이 아니라 당신과 당신의 아버지의 집이 괴롭게 하였으니 이는 여호와의 명령을 버렸고 당신이 바알들을 따랐음이라'

이스라엘 땅에 임한 3년여의 가뭄이 왜 왔는지에 대한 이유는 우리들도 잘 알고 있다. 그런데 그 당사자인 아합 왕은 다른 소리를 하고 있다. 이스라엘에 비가 오지 않은 이유는 바로 엘리야 때문이라는 것이다. 엘리야 때문에 비가 오지 않아서 이스라엘 전체가 괴로움에 빠져 있다고 말하고 있다. 그래서 엘리야를 가리켜 '이스라엘을 괴롭게 하는 자'라고 말하고 있다. 이런 것을 '적반하장'이라 한다.

이것이 세상의 현실이다. 믿음 없는 성도의 현실이다.

아합 왕은 가뭄 기간 동안 하나님의 방법으로 비가 오게 하려고 한 번도 시도하지 않았다. 즉 하나님 앞에 돌아와 회개하지 않았다. 강퍅하기 이를 데 없는 사람이다.

엘리야는 아합 왕의 궤변을 담대하게 반박하고 있다. 오히려 아합 왕 때문에 이스라엘이 괴롭게 되었다고 말하고 있다. 18절 말씀에서 엘리야는 '당신'이라는 말을 세 번이나 사용하면서 아합 왕을 질타한다. 지금 엘리야는 하나님을 대신해서 아합과 전쟁을 하고 있다.

우리는 본문 17절과 18절에 나타나는 '괴롭게 한다.'는 말을 주의 깊게 살펴보아야 한다. 이 말은 히브리어로 '아카르'라는 말인데, 이 말은 여호수아 7장 25절에서 여호수아가 '아간'이라는 사람에게 사용한 말과 같은 말이다.

'여호수아가 이르되 네가 어찌하여 우리를 괴롭게 하였느냐 여호와께서 오늘 너를 괴롭게 하시리라 하니 온 이스라엘이 그를 돌로 치고 물건들도 돌로 치고 불사르고'

아간이 누군가?

여호수아는 여리고성을 정복하면서 백성들에게 모든 전쟁 노획물을 취하지 말라고 명령했다. 이것은 하나님의 명령이었다. 그러나 아간이라는 사람이 하나님의 말씀을 무시하고 좋은 외투 한 벌과 금 덩어리와 은 덩어리를 몰래 가져갔다. 그 결과 이어진 아이성 전투에서 이스라엘이 패했다. 여호수아 7장 25절은 아이성과의 전투의 패배 원인을 하나님께 물어 그 당사자인 아간을 색출하여 처형하는 모습을 기록하고 있다.

결국 아간은 탐욕을 이기지 못하고 외투와 금덩이를 취한 잘못을 범하여 이스라엘 전체에게 끔찍한 재앙을 가져오게 만들었던 장본인이다. 아합 왕은 이 아간과 같은 잘못을 엘리야가 저질러서 이스라엘 백성들이 괴로워하고 있다고 말하고 있는 것인데, 그야말로 적반하장이다.

그러나 엘리야 역시 아간과 같은 잘못을 아합이 저질렀다고 반박한다.

하나님의 의도가 무엇인가? 이 말씀을 기록해 놓으시고 이 말씀을 읽는 사람들로 하여금 판단하는 것이다. 그러므로 우리는 이 두 사람의 주장 중 누가 옳은지를 판결해야 된다. 누구 말이 옳은가? 그렇다. 당연히 엘리야 말이 옳다. 이스라엘의 가뭄은 엘리야의 말대로 아합과 아합의 집 때문이었다.

하나님 앞에서 우리의 신앙이 바르지 못하면 문제의 원인을 제대로 짚어내지 못한다. 상황 판단을 제대로 하지 못하게 된다. 영적인 바보가 된다. '바보는 항상 남의 탓만 한다.'는 말이 있다. 제대로 지적한 것이다. 사실 하나님께 대한 신앙이 바르지 못하면 바보짓을 할 수 밖에 없다. 모든 문제의 원인을 잘못 찾는다. 자신에게 있는데, 남에게서 다른 곳에서만 찾는다. 그러니 바른 정답이 나올 리가 없다.

이 시대 우리가 처한 문제가 무엇인가? 혹시 우리들도 아합처럼 문제의 원인을 엉뚱한 데서 찾고 있지는 않는가? 그러면서도 그 생각과 판단이 틀림없다고 확신하고 있지는 않는가? 그렇다면 큰 문제다. 망할 때까지 가서야 그 문제의 원인을 찾게 될 것이다. 그러면 때는 이미 늦는다. 원인을 제대로 찾지 않고 아합처럼 다른 곳에서 찾으면 망한다.

이런 아합에게 엘리야는 대담하게 경고하며 잘못을 지적해주고 있다. 누구처럼 지적하고 있는가? 만군의 여호와를 의지하는 선지자로서 이제는 천군천사 앞에 선 용맹한 여호와의 군대장관으로서 여호와의 전사로서 아합에게 경고하고 있다.

이 상황을 한번 상상해보라. 아합은 한 나라의 왕이다. 왕은 수많은 신하들과 군대와 경호원이 있다. 아합이 그들에게 한 마디 하면 엘리야의 목은 단번에 날아간다. 그러나 엘리야의 음성과 태도는 이미 그것을 초월하고 있다. 왜 그런가? 엘리야는 하나님의 전사로서 서 있기 때문이다. 만군의 하나님의 전쟁을 맨 앞에서 수행하는 장수로 서 있기 때문이다. 즉 엘리야도 혼자가 아니다. 이 전쟁은 하나님과 함께하는 전쟁이다. 하나님의 천군천사가 뒤 따르고 있는 전쟁에 하나님의 장수로 당당하게 서 있는 것이다.

사실 엘리야는 아합에 대하여 연민의 정이 있다. 인간적인 눈으로 보면 엘리야는 아합의 적수가 못 된다. 그러나 엘리야는 하나님의 눈으로 아합을 보고 있다. 엘리야의 궁극적인 목적은 하나님의 말씀을 전하므로 아합이 회개하고 하나님께로 돌아오는 것이다. 계속 이어지는 내용을 보면 알겠지만, 나중에 엘리야가 아합을 죽일 수 있는 기회가 왔지만 엘리야는 아합을 죽이지 않는다. 오히려 살려준다.

하나님의 말씀에 순종하여 엘리야가 아합을 찾아가는 것은 전쟁이다. 만군의 여호와라는 말이 그것을 보여주고 있다.

우리는 누구인가? 예수님을 믿고 하나님의 백성이 된 오늘 우리의 정체성이 무엇인가? 바로 우리들도 여호와의 전쟁을 수행하고 있는 사람들이다. 우리는 세상을 향하여 여호와의 전쟁을 행하고 있는 여호와의 전사들이다.

그러므로 눈을 들어 세상을 보라. 우리 주위에 영적인 '아합' 들이 수두룩하다. 하나님이 사랑하는 '아합' 들이다. 우리가 세상을 볼 때, 예수님을 믿지 않는 이웃을 볼 때 인간적인 눈으로만 봐서는 안 된다. 하나님의 눈으로 봐야 한다. 만군의 여호와의 전사의 눈으로 세상을 봐야 한다. 하나님 앞에 죄를 짓고 회개할 줄 모르는 세상을 향하여 우리는 여호와의 전쟁을 선포해야 한다. 지옥으로 멸망해 가는 사람들을 보면서 그들을 하나님께로 돌아오게 만들려는 연민의 마음이 있어야 한다. 혹시 세상이 두려운 분들이 있는가? 하나님과의 관계를 다시 정립해야 한다.

생명의 주님을 경험하는 사람은 '만군의 여호와'의 신앙으로 나아간다. 즉 하나님을 만군의 여호와로 믿는 분들은 그 두려움을 이길 수 있는 능력을 하나님이 주신다. 세상을 두려워하는 것이 아니라 오히려 세상이 우리를 두려워한다.

하나님은 살아계시며 생명의 주관자시다. 그 하나님께서 우리의 모든 필요를 채우신다. 이 세상의 필요는 물론 영원의 필요까지 채워주신다. 이 하나님을 경험하고 이 하나님과 동거하고 동행하고 동역하는 축복을 믿음으로 누려야 한다.

이 하나님을 경험하고 누리는 성도들만이 '만군의 여호와의 이름'을 부를 수 있다.

그렇다. 우리의 하나님은 천군 천사의 하나님, 이스라엘 군대의 하나님이시다.

이 이름을 부를 줄 아는 성도만이 세상에서 여호와의 전사로 살아간다. 수많은 아합을 상대할 수 있다. 만군의 여호와의 이름을 부를 줄 모르는 성도들은 결코 영적 아합을 만날 수 없다. 왜냐하면 두려움에 사로잡혀 있기 때문이다. 하나님께서 만군을 보내주시고 만군과 함께 거룩한 전쟁에서 장수로 세워주셨지만, 그 실체가 보이지 않기 때문이다.

우리의 신앙을 점검해 보자.

나는 '만군의 여호와'를 부르고 있는가? '여호와 사바오트'가 나의 하나님이신가? 그러면 신앙생활을 정상적으로 하고 있는 것이다. 그러나 내 신앙 하나 유지하기가 버거운가? 그러면 생명의 하나님의 축복을 온전히 누리지 못하고 있는 것이다. 아멘 신앙으로 회복해야 한다.

토의 문제

1. 성경에 나오는 믿음의 사람들의 현저한 특징에 대하여 나눠보라.

참조: 아멘은 '동의한다, 옳다.'는 의미다.

2. 열왕기상 17장 1절에 나오는 하나님은 어떤 하나님이신지, 나눠보라.

'길르앗에 우거하는 자 중에 디셉 사람 엘리야가 아합에게 말하되 내가 섬기는 이스라엘의 하나님 여호와께서 살아 계심을 두고 맹세하노니 내 말이 없으면 수 년 동안 비도 이슬도 있지 아니하리라 하니라'

3. 열왕기상 18장 15절에 나오는 하나님은 어떤 하나님이신지, 나눠보라.

'엘리야가 이르되 내가 섬기는 만군의 여호와께서 살아 계심을 두고 맹세하노니 내가 오늘 아합에게 보이리라'

4. 모든 성도의 신앙의 지향점은 '만군의 여호와'가 되어야 한다. 이 의미를 나눠보라.

5. 열왕기상 18장 16-18절에 나오는 엘리야와 아합이 벌이는 논쟁의 핵심을 나눠보라.

'16 오바댜가 가서 아합을 만나 그에게 말하매 아합이 엘리야를 만나러 가다가 17 엘리야를 볼 때에 아합이 그에게 이르되 이스라엘을 괴롭게 하는 자여 너냐 18 그가 대답하되 내가 이스라엘을 괴롭게 한 것이 아니라 당신과 당신의 아버지의 집이 괴롭게 하였으니 이는 여호와의 명령을 버렸고 당신이 바알들을 따랐음이라'

기 도

1. 토의 내용을 통하여 하나님께 찬양하고 감사하며 고백하고 회개하라.

2. 토의 내용을 통하여 주신 기도제목을 가지고 간구하라.

마음을 잡으라
(왕상18:19-24)

하나님을 떠난 하나님의 백성들에게 하나님은 하늘 문을 닫으시고 비가 오지 않게 하셨다. 비가 너무 많이 와도 문제지만 가뭄이 계속되어도 문제다. 3년이 넘는 기간 동안 비가 오지 않으면 모든 식물이 말라 죽고 고통을 받는다. 본문의 상황이 그렇게 심각하다. 이런 현상은 동물에게까지 치명적인 영향을 끼치는 모습을 보인다. 당연하다. 산천초목이 말라 있고 모든 국민들도 굶어죽기 직전이었다.

그럼에도 불구하고 이스라엘의 왕이었던 아합은 하나님 앞에 회개하지 않고 버텼다. 회개는 아무나 하는 것이 아니다. 애굽 왕 바로가 회개하지 않고 끝까지 버티다가 망한 이야기는 남의 이야기가 아니다. 본분의 아합도 그렇다. 우리도 그런 위험성에 빠질 수 있다. 회개의 기회를 놓치지 말아야 한다. 회개의 기회를 놓치지 않게 해 달라고 항상 기도해야 한다. 회개란 하나님이 주신 최고의 선물이다. 어떤 죄를 지었든지 간에 회개하면 하나님이 받아주시고 용서해 주신다. 그러나 아무리 작은 죄를 지었어도 회개하지 않으면 망한다.

아합은 애굽의 바로 왕처럼 마음을 강퍅하게 하면서 회개를 하지 않았다. 회개하지 않았기 때문에 3년이 넘는 가뭄의 재앙을 고스란히 받은 것이다. 그렇다면 아합 왕이 회개하지 않은 것은 누구 때문인가? 물론 자신 때문이다. 일차적인 책임이 자신에게 있다. 그러나 본문에 보면 또 한 명, 아합 왕이 회개하지 못하도록 선동하는 사람이 있었는데 바로 바알 우상을 섬기고 있던 아합의 부인 이세벨이었다. 아합 왕이 이세벨 왕비를 너무 좋아했던 것 같다. 사람이 사람을 좋아하는 것은 자연스러운 것이다. 그러나 하나님보다 더 좋아하면 문제가 생긴다. 그것도 심각한 문제가 생긴다. 아합이 그것을 우리에게 보여주고 있다.

그러나 하나님은 이스라엘을 끝까지 버리지 않으셨다. 하나님은 엘리야를 통하여 다시 이스라엘에 비를 주시려고 하셨다. 이것은 이스라엘 백성 전체의 생명과 연결된 문제였다. 하지만 하나님께서는 먼저 이스라엘의 죄악의 뿌리를 제거하려는 시도를 하고 계신다. 그래야 생명의 비가 의미가 있어진다. 죄악의 뿌리가 무엇인가? 바로 온 이스라엘을 파멸로 몰고 온 바알 우상이다. 이것을 먼저 때려 부숴야 한다. 이것이 이스라엘 백성들에게 시급했다. 하나님께서 이 일을 엘리야를 통하여 하고 계신다.

열왕기상 18장 17절에 보면, 엘리야와 아합 왕이 다시 만나고 있다. 약 3년 여 만의 만남이다. 아합은 가뭄이 시작된 지 얼마 되지 않아 엘리야에 대하여 이를 갈기 시작했다. 찾아내 죽이려 했다. 온 나라를 이 잡듯이 뒤졌다. 그러나 못 찾았다. 왜냐하면 하나님이 숨기셨기 때문이다. 지금 아합은 엘리야에 대한 분노가 찰 때로 찬 상태였다. 엘리야와 아합이 만났을 때 엘리야는 혈혈단신이었고 아합은 왕으로서 군대를 거느리고 있었다.

보자마자 부하들을 시켜서 죽일 수도 있었다. 그런데 어찌된 연유인지 죽이지 않는다. 아니 죽이지 못한다. 왜냐하면 생명의 주인이신 하나님이 엘리야를 지키시기 때문이다.

이런 사건은 지금도 계속해서 일어나고 있다. 우리의 모든 삶은 하나님에 의하여 점검되고 관리되고 보호되고 있다. 하나님이 허락하지 않으시면 그 어떤 일도 일어나지 않는다. 우리는 안심하고 살면 된다. 하나님께서 모든 것을 주관하시기 때문이다. 성도는 아버지 하나님을 굳게 믿고 살아가는 사람들이다.

엘리야의 제안(왕상18:19-20)

엘리야가 아합 왕을 만났을 때의 분위기나 대화 내용을 보면 누가 주도하고 있는가? 당연히 엘리야다. 겉으로 볼 때는 수많은 군대를 거느린 아합 왕이 주도할 것 같으나 전혀 그렇지 않다. 대화의 주도권을 가지고 있던 엘리야는 아합 왕에게 왜 3년이 넘는 기간 동안 극심한 가뭄이 왔는지를 열왕기상 18장 18절에서 다시 한 번 설명해 주고 있다.

사실 이 말은 열왕기상 17장 1절에서 이미 했던 말씀이다. 그러나 그 때 아합 왕은 듣지 않았다. 그 때 듣고 순종했으면 가뭄이 계속되지 않았을 것이다. 아합 왕은 계속 마음을 강퍅하게 하면서 하나님의 말씀을 듣지 않았다.

영적으로 깨어 있는 성도는 하나님께서 한번 말씀하실 때 고집을 부리지 않는다. 고집 부려 봤자 손해임을 알기 때문이다. 하나님의 말씀에 성도의 삶의 원리가 정확하게 기록되어 있는데, 그 말씀에 순종하면 그대로 복이 됨을 안다. 하지만 자신의 지혜를 더 의지하고 고집을 부리는 사람들이 있다. 그것은 스스로를 망하게 하는 행위다. 하나님의 말씀은 무엇이든지 만고불변의 진리다. 이미 검증이 끝난 진리다. 하나님의 말씀은 항상 옳다. 내 생각보다 옳다. 하나님의 말씀을 의심하고 불순종하는 사람은 흑자인생 살 생각을 버려야 한다.

아합 왕은 3년여 전에 엘리야에게 들었던 말을 다시 들어야 했다. 이번에는 그 흉년과 가뭄의 원인에 대한 책망을 더 무겁게 들어야 했다. 다행스러운 것은 다시 한 번 하나님의 말씀을 들을 기회가 주어졌다는 사실이다. 많은 사람들이 하나님의 말씀을 듣지 못한다. 그것이 축복의 말씀이든 책망의 말씀이든 하나님의 말씀을 듣는다는 것은 하나님의 놀라운 은혜다.

아모스 8장 11절로 13절이다.

'11 주 여호와의 말씀이니라 보라 날이 이를지라 내가 기근을 땅에 보내리니 양식이 없어 주림이 아니며 물이 없어 갈함이 아니요 여호와의 말씀을 듣지 못한 기갈이라 12 사람이 이 바다에서 저 바다까지, 북쪽에서 동쪽까지 비틀거리며 여호와의 말씀을 구하려고 돌아다녀도 얻지 못하리니 13 그 날에 아름다운 처녀와 젊은 남자가 다 갈하여 쓰러지리라'

여기 또 다른 기근과 기갈이 등장한다. 바로 하나님의 말씀을 듣지 못하는 기갈이다. 기근이다. 믿음이 없는 많은 분들이 주일에 교회 오는 것에 대하여 잘못된 생각을 가지고 있다. 하나님 앞에 선심 쓰듯 온다. '나와 주는 것'처럼 나온다. 그리고 핑계거리가 생기면 오지 않는다. 이것은 재앙이다. 왜 그런가? '여호와의 말씀을 듣지 못하는 기갈, 기근 상태'에 있기 때문이다. 그 결과는 다 '쓰러짐'이다. 아니 본인들은 자신들이 비틀거리며 쓰러지고 있다는 사실조차 알지 못한다. 왜냐하면 영원한 생명과 축복을 포기하고 오직 이 세상에서 먹고 입고 쓸 것에만 매몰되어서 살아가기 때문이다.

우리가 매 주일마다 하나님의 말씀을 들을 수 있고, 시간 시간마다 하나님의 말씀을 마음껏 들을 수 있다는 것은 축복 중의 축복이다. 이 복보다 더 귀한 복은 세상에 없다. 이런 복을 빼앗기지 말아야 한다. 이것을 위하여 기도해야 한다. 공산화되거나 신앙의 자유가 없는 세상이 되면 이 축복을 누릴 수 없다. 지금도 이 말씀을 듣고 싶어도 듣지 못하고 살아가는 사람들이 지구촌에 많이 있다. 말씀을 듣지 않고 말씀 들을 기회를 쉽게 포기하고 다른 선택을 하는 것은 잘못되어도 한참 잘못된 것이다. 영원을 포기하는 행위다. 뒤 늦게 후회하지 말고 언제나 말씀의 자리를 소중히 여기시는 분들이 되어야 한다.

엘리야는 아합 왕에게 가뭄의 이유를 다시 한 번 설명하고 본론으로 들어간다. 열왕기상 18장 19절로 20절이다.

'19 그런즉 사람을 보내 온 이스라엘과 이세벨의 상에서 먹는 바알의 선지자 사백오십 명과 아세라의 선지자 사백 명을 갈멜 산으로 모아 내게로 나아오게 하소서 20 아합이 이에 이스라엘의 모든 자손에게로 사람을 보내 선지자들을 갈멜 산으로 모으니라.'

엘리야는 아합 왕에게 가뭄을 해결할 수 있는 한 가지 방안을 제안한다. 즉 가뭄의 원인이 어디에서 왔는지를 확실하게 규명하자는 것이다. 비를 내릴 수 있는 진정한 신이 누구인지를 가리자는 제안이다. 여호와 하나님이 비를 내려 주시는 신인지 아니면 지금까지 이스라엘 백성들이 섬겨왔던 바알과 아세라가 비를 내려 주는 신인지를 규명하자는 것이다.

엘리야는 바알 선지자 450명과 그 바알의 부인이라고 할 수 있는 아세라 우상을 섬기는 선지자 400명을 갈멜산으로 나오게 해서 대결하자고 했다. 나중에 뒤에서 보면 아세라 선지자들은 언급이 되지 않고 바알 선지자들만 언급이 되는데, 아무튼 엘리야는 그렇게 아합 왕에게 제안을 했다. 20절 말씀에 보면 아합 왕은 엘리야의 제안을 받아 들였다.

아합 왕은 정말로 바알이 비를 내려주는 신으로 믿고 있었던 것이 틀림없다. 참으로 딱하기가 이루 말할 수 없다.

아합 왕은 사람들을 보내 바알 선지자들을 갈멜산으로 오도록 했다. 이 갈멜산은 '불타는 곳'이라는 뜻을 가지고 있다. 이제 곧 하나님의 불이 하늘에서 이 산으로 내리게 될 것인데, 거기에 걸맞는 이름을 가지고 있는 산이다.

열왕기상 18장 19절과 20절 사이에는 시간적인 간격이 있다. 엘리야가 제안하고 아합이 그 제안을 받아들여서 사람들을 보내어 우상 선지자들과 백성들을 불러오기까지는 적어도 몇 시간, 많으면 하루 이상이 걸렸을 수도 있다.

그러니까 이 자리에는 적어도 여러 종류의 사람들이 참석하고 있음을 알 수 있다. 우선 그 자리에 있었던 왕과 신하들과 군인들이 있었다. 또 많은 백성들도 참석하고 있었다. 또 누가 있는가? 바로 바알과 아세라 선지자들이다. 왕은 사람들을 보내서 이들을 급하게 불러 모았다. 진정한 신이 누군지 확인하려고 많은 사람들이 갈멜산으로 올라왔다.

그렇다면 이 사람들 중에 여기에 가장 오기 싫었던 사람들이 누구였을까? 바로 우상 바알과 아세라의 선지자들이었을 것이다. 엘리야가 그들을 오라고 한 이유는 한판 붙자는 것이다. 육탄전을 하자는 것이 아니고 과연 이 가뭄을 누가 끝장낼 수 있는가를 겨뤄보자는 것이다. 사실 바알 선지자들과 아세라 선지자들은 그 동안 비가 오게 해 달라고 바알과 아세라에게 열심히 기도도 하고 제사도 지냈었다. 그러나 비는 오지 않았다.

그런데 갑자기 청천벽력 같은 기별을 받은 것이다. 하나님의 선지자 엘리야가 자신들을 상대로 '비 오기 게임'을 하자는 기별은 어떻게 보면 사형선고나 다름이 없었다. 그렇다고 가지 않을 수도 없었다. 그 동안 자신들이 이스라엘의 백성들의 마음을 휘어잡고 선동하여 하나님을 섬기는 선지자들을 모두 박해하고 죽였다. 하나님의 땅에서 우상 숭배자들과 거짓 선지자들이 호의호식하면서 잘 살고 있었는데, 이제는 궁지에 몰리게 된 것이다.

본문 19절에 보면, 바알과 아세라 선지자들을 부를 때 뭐라고 부르고 있는가? 왕비 이세벨의 상에서 먹는 사람들이라고 말씀하고 있다. 아무리 흉년이 들어도 왕궁은 넉넉하다. 이 우상선지자들이 왕비 이세벨의 상에서 먹었다는 것은 그 가뭄 속에서도 굶주리지 않았다는 말이다. 흉년 속에서도 이들은 호의호식하면서 살았다.

이 말씀을 보면 떠오르는 생각이 있다. 돼지는 사실 너무나 잘 먹는다. 식성이 좋다. 돼지가 굶주렸다는 말을 들은 적이 없다. 돼지는 아무것이나 너무 잘 먹는다. 돼지는 금식할 필요도 없고 다이어트 할 필요도 없다. 하지만 그렇게 잘 먹고 나서 돼지는 어떻게 되는가? 어느 날 갑자기 도살당한다. 죽임을 당하여 사람들의 맛있는 먹거리가 된다.

마음껏 죄를 짓고 불법을 행하면서 잘 먹고 잘사는 사람들을 부러워할 이유가 조금도 없다. 만일 우리가 그런 삶을 살아가고 있다면 급히 돌아서야 한다. 그 끝이 훤히 보인다. 하나님의 말씀과 아무상관도 없이 불법을 행하여 돈을 많이 벌고 권력을 잡고 떵떵거리고 사는 사람들의 인생은 적자 인생이요 마이너스 인생이다. 오히려 하나님의 말씀대로 정직하게 살고 깨끗하게 살 때 소망이 있다. 부자가 되고 권력자가 되어도 하나님의 말씀대로 살아야 복이 된다.

바알과 아세라 선지자들의 마음이 어땠을까? 솔직한 심정으로 도망치고 싶었을 것이다. '지금까지 제사 드리고 기도해 보고 해 볼 것 다 해 봤는데도 비가 오지 않았는데' 하면서 말이다. 엘리야가 우상 선지자들 850명을 다 나오라고 했는데, 뒤에 보면 바알 선지자 450명만 보이고 아세라 선지자 400명이 보이지 않는 것을 보면 모두 삼십육계 줄행랑을 친 것은 아닌지 하는 생각이 든다. 그야말로 우상 선지자들은 사형장에 가는 죄수들같이 끌려왔다.

마음을 잡으라 : 어느 때 까지 둘 사이에서(왕상18:21)

드디어 엘리야가 아합 왕에게 요구했던 우상 선지자들이 갈멜산에 도착했다. 엘리야는 바알 선지자들이 거의 다 왔다고 생각되었을 때 왕상 18장 21절에서 백성들에게 강력한 경고의 말씀을 하고 있다. **'엘리야가 모든 백성에게 가까이 나아가 이르되 너희가 어느 때까지 둘 사이에서 머뭇머뭇 하려느냐 여호와가 만일 하나님이면 그를 따르고 바알이 만일 하나님이면 그를 따를지니라 하니 백성이 말 한마디도 대답하지 아니하는지라'**

엘리야는 이스라엘 땅에 3년 6개월 동안 비가 오지 않은 또 다른 이유를 말하고 있다. 그것은 바로 백성들의 책임도 있다는 말이다. 백성들도 우상숭배 죄에서 자유롭지 못하다. 하나님의 말씀에 어긋나면 단호하게 거절했어야 한다. 하지만 백성들은 왕과 거짓 선지자들의 선동에 넘어갔다. 백성들도 참된 지혜가 있어야 한다. 어느 나라든지 망할 때 보면 백성들이 우민이 되어 있다. 어리석어서 간사한 사람들의 선동에 다 넘어가 버린다. 못된 사람들은 이 선동의 능력을 안다. 무슨 말을 할 때 백성들이 넘어간다는 것을 정확히 안다. 나라가 내적 외적으로 부강할 때에는 이런 선동가들이 나타나지 않는다. 또 선동을 해도 백성들이 지식이 있어서 넘어가지 않는다.

엘리야는 백성들에게 하나님과 바알 사이에서 머뭇머뭇 거렸기 때문에 가뭄의 재앙이 왔다고 책망하고 있다. 백성들이 왜 그렇게 했는가? 먹고 마시는 일을 인생의 최고목적으로 바꿨기 때문이다. 인생의 최고 목적은 우리의 창조주이신 여호와 하나님을 주님으로 섬기는 일이다. 예수님을 주님으로 섬기는 일이다. 그러면 먹고 마시고 입는 일은 자동으로 해결이 된다. 하지만 사탄이 개입하여 이 순서를 뒤집어 놓는다.

성도들이 사이좋게 지내야 할 대상들이 많이 있다. 우리의 이웃과 사이좋게 지내야 한다. 그것이 하나님의 뜻이다. 물론 교회 안의 성도들과도 사이좋게 지내야 한다. 대한민국이라는 하나의 국가 안에 있는 사람들끼리도 사이좋게 지내야 한다. 우리 예수님을 믿고 하나님의 백성이 된 사람들은 서로 사랑하고 이해하는 자세가 반드시 필요하다. 서로 미워하고 사랑하지 않는다면 그 공동체는 무너지고 만다.

하지만 우상을 섬기는 사람들에 대해서는 분명한 자세를 취해야 한다. 그 길이 영원한 멸망임을 알려 줘야 한다. 이 과정에서 서로 상처를 줄 수도 있다. 그러나 그것은 작은 상처다. 영원한 생명이 좌우되는 마당에 작은 상처는 감수해야 한다. 언제나 웃는 얼굴이 좋지만, 지옥 가는 이웃에게 계속 웃어줄 수는 없는 노릇이다. 이스라엘 백성들의 실수가 무엇인가? 하나님과 우상인 바알 사이에서 머뭇머뭇 거렸다는 것이다. 왜 머뭇머뭇 거렸는가? 바알도 비를 내릴 능력이 있지 않을까 하는 생각을 했기 때문이다. 바알 우상을 섬겨도 잘 살 수 있지 않을까 하고 생각했다. 이 이야기는 이 백성들이 인생 목적을 잘못 잡았다는 말이다. 즉 먹고 사는 것 자체가 인생의 목적이 아닌데, 그것을 인생목적으로 잡은 것이다. 그러니 자신들을 창조하신 창조주 하나님을 잊어버린 것이다. 그래서 줄타기를 했고 타협을 한 것이다.

이런 이유로 우리는 하나님에 대한 분명한 지식이 필요하다. 호세아 선지자는 하나님의 백성이 지식이 없어서 망한다고 말씀했다. 이 지식은 머릿속에만 있는 지식이 아니다. 이스라엘 백성들이 하나님에 대하여 이론적으로 몰랐기 때문에 바알을 섬기고 하나님과 바알 사이에서 머뭇머뭇 거렸던 것이 아니다. 그들은 하나님이 어떤 분이신 것을 수도 없이 들어왔던 사람들이다.

히브리민족의 '지식'개념에서 무엇을 '안다'고 할 때의 의미는 행동까지 포함한다. 머릿속에서만 맴도는 지식이 아니다. 이스라엘 백성들이 하나님께 대한 진정한 지식이 있었다면 그들은 하나님과 바알 사이에서 머뭇머뭇 거리지 않고 언제나 과감하게 하나님 편에 섰었을 것이다. 하나님과 하나님의 말씀을 신실하게 믿고 순종했을 것이다. 아무리 아합과 그 왕비 이세벨이 바알을 섬기자고 해도 그들이 격렬하게 저항했을 것이다. 하지만 그들은 하나님에 대한 진정한 지식이 없었다. 하나님을 섬기는 신앙이 그들의 실생활에서 그들에게 아무런 도움도 주지 못했고 그들을 망하지 않게 하는데 아무런 도움이 되지 않았다. 하나님에 대한 진정한 지식이 무엇인가? 바로 우리의 창조주요 우리의 주인이라는 사실이다. 그 분만이 우리 인생의 전부요 목적이 된다는 것이다.

수많은 성도들이 위험에 처해 있다. 하나님을 제대로 모른다. 하나님의 말씀을 모른다. 예수님을 모른다. 믿음생활을 한다고 하지만 하나님의 말씀에 기초하지 않는다. 순종하지 않는다. 성경에 명백하게 기록되어 있는 말씀도 쉽게 어긴다. 세상의 논리와 타협한다. 자기 생각에 옳다고 여기면 그 누구도 말리지 못한다. 행동의 근거가 하나님의 말씀이 아니고 세상 원리요 자기 철학이다. 하나님을 믿는 사람인지 안 믿는 사람인지 분별이 되지 않는다. 하나님을 섬기는 생활이란, 이것저것 다 하고 시간이 좀 남을 때 여가를 선용하는 수단으로 여긴다. 하나님이 '갑'이 아니시다. 자신이 '갑'이고 하나님은 '을'이다.

하나님은 그냥 '잉여 대상'이다. 계셔도 그만, 안 계셔도 그만이다. 하나님이 내 인생의 최고라는 생각이 없다. 나는 없어도 하나님이 계셔야 한다는 진리 위에 서지 않는다.

만일 이런 신앙의 모습이 우리에게 있다면 우리 역시 하나님과 우상 사이에서 계속 머뭇머뭇하고 있는 것이다. 엘리야의 날카로운 추궁에 백성들은 한마디도 대답치 못했다. 우리도 스스로를 점검해 보아야 한다. 나의 신앙이 머릿속의 신앙으로 끝나고 있지는 않은지를 살펴봐야 한다. 나의 신앙은 분명히 실천하고 순종하는 신앙, 다시 말해서 우상을 버리고 철저하게 하나님이 내 인생의 목적이, 전부가 되는 신앙이 되어야 한다.

엘리야가 본문 21절에서 강하게 선포했던 것처럼, 하나님이든지 바알이든지 분명한 선택을 해야만 한다. 선택권이 다른 사람이 아닌 바로 나에게 있다. 우리에게 있다. 축복과 저주의 선택권이 바로 나에게 있다. 우리는 이것을 진지하게 생각할 줄 알아야 한다. 하나님을 섬기며 그분의 말씀을 온전히 순종하는 삶을 살아갈 것인가 아니면 대충대충 믿는 사람 무늬만 내면서 실제적인 삶 속에서는 하나님의 말씀을 무시하고 세상의 원리를 삶의 원칙으로 삼고 타협하면서 살아갈 것인가를 선택해야 한다. 우리가 유념해야 할 사실은 세상과 타협한다고 해서 즉시 망하는 것이 아니라는 것이다. 차라리 잘못할 때 즉시 하나님의 징계와 징벌이 임하면 돌이키기라도 쉽다. 본문에 임하는 재앙을 봐도 잘못한 즉시 임하지 않는다.

하나님과 바알, 이 두 사이에서 머뭇머뭇 거리면서 타협하는 삶은 비참한 삶이다. 가련한 삶이며 망하는 삶이다. 분명한 생명의 삶, 진리의 삶은 오직 하나님 편에서 사는 삶이다. 하나님을 인생의 목적으로 삼고 살아가는 삶이다. 하나님의 말씀이 떨어질 때마다 '아멘'하는 삶이다. 아멘 할 때 성령님께서 능력을 주신다. 순종할 수 있는 능력을 주신다. 이런 멋진 능력의 삶을 살아가자.

불로 응답하는 신(왕상 18:22-24)

21절 끝에 보면, 엘리야가 그렇게 강력하게 촉구하는데도 백성들이 묵묵부답이다. 이런 은사를 가진 사람들이 있다. 도무지 말을 하지 않는다. 자식들 중에도 이런 자식들이 있다. 무엇을 물어도 말을 하지 않는다. 상대방은 답답해 죽겠는데 계속 침묵한다.

이 백성들이 왜 대답을 하지 못하는가? 확신이 없기 때문이다. 이들에게는 하나님이 계속 잉여의 대상일 뿐이다. 하나님 편에 서야 할지, 바알 편에 서야 할지 아직도 헷갈리고 있는 것이다. 중국집에 가서 무엇을 먹어야 할지 고민하는 것처럼 결정을 못하고 있다. 엘리야가 그렇게 하나님의 말씀으로 강하게 외쳤는데도 백성들이 꿈쩍도 하지 않는다.

하나님의 말씀만을 붙잡고 사는 사람들의 특징은 단순하다. 하나님 그분만이 내 인생의 전부다. 내 마음의 1번이다. 그 때 성령의 능력이 임한다. 그렇게 될 때 하나님의 말씀을 액면 그대로 의지한다. 어린아이처럼 단순하다. 십일조 하는 것이 하나님의 주권을 인정하는 것이라 하면 '아멘' 한다. 십일조하면 하나님이 물질생활을 책임지신다고 하면 그대로 믿고 아멘 한다. 이유가 없다. 이유를 달지 않는다. 부모님께 효도하고 공경하면 하나님께서 장수의 복을 주신다고 하면 부족하지만 그대로 믿고 '아멘' 한다. 주일날에 예배드리는 것이 하나님을 인정하는 것이고 복 받는 비결이라고 하면 그렇게 한다.

그러나 세상과 타협하고 하나님과 바알 사이에서 머뭇머뭇 거리는 사람들은 하나님의 말씀에 아멘하지 못한다. 아멘하지 못하는 이유가 많다. 하나님의 말씀과 세상의 상황 속에서 방황한다. 하나님의 말씀에 반발도 한다. 하나님께서 세상을 몰라도 너무 모른다고 오히려 하나님께 훈계도 한다. 이스라엘 백성들이 그랬다.

이 때 엘리야가 뭐라고 말씀하는가? 열왕기상 18장 22절로 24절까지다.

'22 엘리야가 백성에게 이르되 여호와의 선지자는 나만 홀로 남았으나 바알의 선지자는 사백오십 명이로다 23 그런즉 송아지 둘을 우리에게 가져오게 하고 그들은 송아지 한 마리를 택하여 각을 떠서 나무 위에 놓고 불은 붙이지 말며 나도 송아지 한 마리를 잡아 나무 위에 놓고 불은 붙이지 않고 24 너희는 너희 신의 이름을 부르라 나는 여호와의 이름을 부르리니 이에 불로 응답하는 신 그가 하나님이니라 백성이 다 대답하되 그 말이 옳도다 하니라'

엘리야는 이제 '비 오기 게임'을 시도한다. 본격적인 비 오기 게임에 들어

가기에 앞서서 오픈 게임으로 제사를 드릴 때 하늘에서 불이 내려오는 것을 통하여 진정한 하나님이 누군가 알아보자고 제안한다. 송아지를 제물 삼아 제사 드릴 때 하늘에서 불이 내려와 그 제물을 태우면 그 신이 진정한 하나님으로 결정하자고 제안한다.

엘리야가 이 제안을 하자 바알 선지자들이 동의를 했고 백성들도 그제야 동의를 했다. 백성들의 심보가 훤히 보인다. 즉 눈으로 보지 않으면 믿지 못하겠다는 것이다. 백성들의 신앙을 볼 때 이것은 너무나 안타까운 일이다. 백성들은 지금 3년여 동안이나 가뭄과 흉년에 고난을 받을 대로 받은 사람들이다. 무슨 표적이 더 필요한가? 볼 것도 없이 회개하고 하나님 앞으로 나와야 할 사람들인데 지금 어떻게 반응하고 있는가? 계속해서 두 사이에서 머뭇머뭇 거리고 있다. 하나님은 말씀 한 마디에 절대적인 지지와 순종을 하는 사람을 기뻐하신다. 두 마디 세 마디 아니 틈틈이 말씀하셔도 들은 체 만 체 하는 사람들을 좋아하지 않으신다.

생각해 보라. 지금이 어떤 세상이며 어떤 사회인가? 신용사회다. 신용불량자로 명단에 오르면 불이익을 당하는 영역이 한두 가지가 아니다. 그렇게 되면 자기 이름으로 할 수 있는 것이 별로 없다. 은행에서 돈도 빌리지 못한다. 그러나 신용이 좋은 사람들은 어떤가? 여러 가지 혜택을 누릴 수 있다. 은행에서 돈을 빌릴 때에도 좋은 신용 때문에 큰 어려움을 겪지 않고 빌릴 수 있다.

우리가 서로 성도의 교제를 나눌 때도 그렇다. 서로 인간적인 믿음과 신용이 좋은 사람은 친구가 많다. 많은 사람들에게 인정을 받는다. 그 사람의 말은 무게가 있다. 그런 사람 말 한마디면 안 될 것도 되는 일이 많다.

다른 사람들이 인정해 주고 알아주고 믿어준다. 만일 신용이 좋은 사람이 무슨 말을 하는데도 그 말을 믿지 않고 비웃는 사람이 있다면 오히려 그 사람에게 문제가 있는 것이다.

이렇게 세상에서도 신용이 있는 사람의 말을 믿어주고 알아준다. 하물며 하나님이 어떤 분이신가? 신용이 최고로 좋은 분이다. 신실하신 분이다. 믿어도 좋은 분이다. 하나님의 말씀은 정확하고 틀림없다. 식언하지 않는 분이다.

이런 하나님을 믿지 않고 불신하면서 살아간다면 우리가 하나님을 신용불량자 취급하는 것이다. 신용이 가장 좋으신 분을 신용불량자 취급한다면 그 결과가 비극이 된다.

우리는 하나님을 신뢰해야 한다. 하나님을 믿지 못하고 신뢰하지 않는다면 우리는 하나님을 신용불량자 취급하는 것이다. 하나님을 신용불량자 취급하면 나타나는 증상이 무엇인가? 바로 본문에서 하나님과 바알 우상 사이에서 머뭇머뭇 거리던 이스라엘 백성들처럼 된다. 하나님의 말씀만을 굳게 붙잡지 못하고 세상의 방법을 함께 붙잡는다. '다른 사람들도 다 이렇게 한다.'고 하면서 불법을 행하기 쉽다. 이런 삶은 비극적인 결말로 끝나게 되어 있다.

우리는 하나님을 신용불량자로 만들지 말아야 한다. 그분은 세상에서 유일한 믿음의 대상이시다. 그분의 말씀은 법이며 그분의 말씀은 진리다. 말씀으로 약속하신 것은 반드시 이루시는 분이시다.

이 말씀에서 우리는 너무나 당당한 엘리야에 대하여 살펴보는 것이 필요하다.

성경 본문을 보면 공식적으로 엘리야의 편에 서 있는 사람은 하나도 없다. 아합 왕도 군인들도 마찬가지다. 백성들은 더더욱 그렇다. 그렇다고 바알의 선지자들이 엘리야 편일리는 더더욱 없다. 엘리야는 혈혈단신 혼자다. 그러나 오늘 말씀의 주인공은 단연 엘리야다. 엘리야의 음성은 자신감에 차 있다. 왕에게도 당당하고 백성들에게도 당당하다. 하나님과 바알 사이에서 머뭇머뭇 거리지 말고 선택하라고 단호하게 선포하고 있다. 바알 우상 선지자들에게도 거침이 없다. 어디서 이런 능력과 용기가 나오는 것일까?

바로 연단과 훈련에서 온 것이다. 무슨 연단과 훈련인가? 하나님을 최고의 존재로 알고 여기는 훈련이다. 하나님은 엘리야를 그 동안 계속해서 훈련하시고 연단하셨다. 양식이 없는 그릿 시냇가에서 훈련을 받았다. 사르밧에서 훈련을 받았다. 거기서 엘리야는 전혀 불평이나 원망을 하지 않았다. 하나님을 믿고 신뢰했다. 어떻게 하나님을 신뢰했는가? 아멘으로 신뢰했다. 하나님이 말씀하시면 아멘 했다. 이렇게 아멘으로 하나님을 믿고 신뢰할 때 하나님께서 능력을 주셨다. 하나님은 아멘으로 하나님을 신뢰하는 엘리야를 인도하시고 보호하시고 공급하셨다. 하나님을 경험하게 하셨다.

우리도 마찬가지다. 우리 삶의 환경은 하나님께서 허락하신 훈련장이다. 하나님을 내 인생의 전부로 알고 여기도록 인도하시는 훈련장이다. 이게 되면 하나님이 주신 환경에 대하여 아멘으로 화답한다. 하나님이 주시는 말씀에 대하여 아멘으로 화답한다. 하늘에서 불이 내리는 것을 보고야 하나님을 믿는 사람이라면 불안하다. 단지 말씀 자체를 믿는 신앙이 중요하다. 이런 삶은 우리를 강하게 만든다. 오직 하나님만을 의지하고 신뢰하게 만든다. 이렇게 훈련받고 연단받은 사람들만이 엘리야처럼 하나님의 위대한 일에 위대하게 쓰임받게 된다.

지금 이 세상에 해야 할 하나님의 일이 넘쳐난다. 가정과 교회와 사회에 널려 있다. 그러나 하나님의 일은 아무나 하는 것이 아니다. 훈련된 사람들만 일할 수 있다. 그래서 풍성한 믿음을 소유한 사람들만이 하나님께 쓰임을 받는다. 하나님은 말만 번지르르한 사람을 사용하지 않는다. 하나님의 말씀을 단순하게 신뢰하는 믿음의 사람을 사용하신다. 왜냐하면 하나님의 역사는 믿음의 역사이기 때문이다. 이런 믿음은 엘리야가 받은 것과 같은 하나님의 훈련을 통하여 주어진다. 하나님의 능력이 그 믿음 위에 나타난다. 그래서 하나님께 훈련되지 않으면 일하다가 사고만 친다. 훈련을 제대로 받은 사람들만이 하나님의 일을 엘리야처럼 멋지게 할 수 있다. 엘리야처럼 담대하게 믿음의 역사를 일으킬 수 있다.

3년이 넘는 가뭄과 흉년은 작은 일이 아니다. 본문에 나오는 말씀을 통하여 하나님께서 교훈하시려는 요지는 더 크고 중요한 인생의 가뭄과 흉년이다.

그것은 바로 하나님의 말씀에 대한 가뭄과 흉년이다. 하나님이 우리 인생의 잉여대상으로 전락하는 것에 대한 경고다.

많은 사람들이 먹고 입고 마시는 것의 풍요 속에서 하나님을 떠난다. 물질을 하나님으로 삼았기 때문이다. 하나님을 섬기는 성도가 누구인가?

성도는 '무엇을 먹을까 무엇을 마실까 무엇을 입을까'를 걱정하지 않고 사는 사람들이다. 다시 말하면 그것들을 하나님으로 섬기는 사람들이 아니다. 마태복음 6장 31절로 32절이다. **'31 그러므로 염려하여 이르기를 무엇을 먹을까 무엇을 마실까 무엇을 입을까 하지 말라 32 이는 다 이방인들이 구하는 것이라 너희 하늘 아버지께서 이 모든 것이 너희에게 있어야 할 줄을 아시느니라.'**

이 말씀이 중요한 이유는, 신자와 불신자를 가려내는 기준이 되기 때문이다.

불신자는 이게 인생의 목적이 된다. 무엇을 먹을 것인가가 인생의 목적이다. 좀 더 고상한 현대어 버전으로 말하면 '경제'다. 돈이 된다면 못할 짓이 없다. 돈이 된다면 신앙도 마음대로 바꿀 수 있다. 그렇게 바꾼 사람들이 한 두 명이 아니다. 바꾸기 전의 사람들의 마음 상태가 어떤가? 바로 '둘 사이에서 머뭇머뭇 거린다.' 예수님이 전부가 아니다. 마음이 예수님으로부터 떠나 있다.

그러면 신자는 어떤 사람들인가?

예수님께서 마태복음 6장 33절에서 말씀하셨다. **'그런즉 너희는 먼저 그의 나라와 그의 의를 구하라 그리하면 이 모든 것을 너희에게 더하시리라'**

인생의 목적이 하나님의 나라와 하나님의 의가 된다. 다시 말하면 하나님 그 분이 인생의 목적, 전부가 된다는 말이다. 하나님이 주시는 여러 가지 선물이나 축복이 인생의 목적이 아니라 그 복을 주시는 하나님이 인생의 목적이 된다. 하나님 그 분이 우리 마음의 1 번이 된다.

주님이 우리 마음의 1 번이 되면 둘 사이에서 머뭇거리지 않는다. 하늘에서 불이 내려올 필요도 없다. 하나님이 주신 말씀을 온 몸으로 믿는다. 아멘 한다. 엘리야가 그런 사람이다. 하나님께서 이런 사람들을 찾으신다. 그들로 위대한 하나님의 일을 행하게 하신다. 이런 능력의 주인공들이 되자.

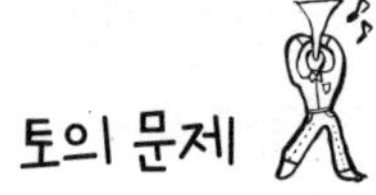

토의 문제

1. 아합은 회개할 줄 모르는 하나님의 백성을 상징한다.
회개는 언제 하는 것인지, 어떻게 하는 것인지를 나눠보라.

2. 육적인 양식의 기근과 영적인 양식의 기근은 다 심각하다. 그러나 영적인 양식의 기근이 더 심각한데, 그 이유에 대하여 나눠보라.

3. 왕상18장 21절, **'엘리야가 모든 백성에게 가까이 나아가 이르되 너희가 어느 때까지 둘 사이에서 머뭇머뭇 하려느냐 여호와가 만일 하나님이면 그를 따르고 바알이 만일 하나님이면 그를 따를지니라 하니 백성이 말 한마디도 대답하지 아니하는지라'**

1) 백성들은 왜 하나님과 바알 사이에서 머뭇머뭇 했는지를 나눠보라.

2) 내 인생의 제일 목적이 무엇인지 서로 나눠보라.

4. 왕상 18장 22-24절, **'22 엘리야가 백성에게 이르되 여호와의 선지자는 나만 홀로 남았으나 바알의 선지자는 사백오십 명이로다 23 그런즉 송아지 둘을 우리에게 가져오게 하고 그들은 송아지 한 마리를 택하여 각을 떠서 나무 위에 놓고 불은 붙이지 말며 나도 송아지 한 마리를 잡아 나무 위에 놓고 불은 붙이지 않고 24 너희는 너희 신의 이름을 부르라 나는 여호와의 이름을 부르리니 이에 불로 응답하는 신 그가 하나님이니라 백성이 다 대답하되 그 말이 옳도다 하니라'**

'불로 응답하는 신'은 여호와 하나님이시다. 불의 응답을 받는 신앙생활은 어떻게 하는 것인지 나눠보라.

기도

1. 토의 내용을 통하여 하나님께 찬양하고 감사하며 고백하고 회개하라.

2. 토의 내용을 통하여 주신 기도제목을 가지고 간구하라.

이름을 부르라

(왕상18:24-29)

아합과 두 번째로 마주친 엘리야는 하나님을 떠나 우상을 숭배하는 죄에 빠진 왕과 백성들을 한꺼번에 책망했다. 3년여 기간의 극심한 가뭄의 원인이 왕과 백성들에게 있음을 다시 한 번 강조했다. 특별히 백성들에게는 하나님과 바알 우상 사이에서 머뭇거리지 말고 태도를 분명히 하라고 경고하고 있다. 마음을 잡으라고 강하게 책망했다. 이 머뭇거렸다는 말은 양다리를 걸치고 있다는 말이다. 이것은 요한계시록 3장에 나오는 라오디게아 교회 성도들이 받았던 책망이기도 하다. 그들은 차지도 않고 덥지도 않은 미지근한 신앙을 가지고 있다가 예수님께 책망받았다.

우리도 마찬가지다. 우상과 하나님 사이에서 머뭇거려서는 안 된다. 지금 우리 중에 불교와 기독교를 함께 믿고 있는 사람은 없을 것이다. 하지만 우리가 두 사이에서 방황하는지 아닌지를 알려면 십계명 중 제 일 계명부터 열 번째 계명까지를 면밀히 내 자신에게 적용해 보면 된다. 특별히 신약시대에 있어서 최고의 우상은 탐심이라 말씀하신다. 이 말은 우리 마음속에 탐심이 예수님을 앞선다는 말이다. 이렇게 되면 신앙생활에 재미가 사라진다. 기쁨이 사라진다. 주님이 주신 엄청난 재산과 축복과 영광을 보잘 것 없는 탐심과 바꿨기 때문이다. 마치 장자권을 음식 한 그릇에 바꾼 에서와 같이 말이다.

골로새서 3장 5절이다. **'그러므로 땅에 있는 지체를 죽이라 곧 음란과 부정과 사욕과 악한 정욕과 탐심이니 탐심은 우상 숭배니라'**

다른 것도 마찬가지지만 특히 탐심을 우상숭배라 말씀하신다. 이 시대의 최고의 관심사는 얼마나 많이 가지고 사느냐다. 사회적인 성공의 척도가 물질 소유로 결정이 되는 시대다. 정치적인 관심사도 물질이다. 성장이 먼저냐 분배가 먼저냐는 그 다음이다. 그야말로 물질 만능주의다.

하나님을 섬기는 사람들이 명심해야 할 것이 이것이다. 물질이 필요하고 소중한 것이지만 하나님보다 더 소중할 수는 없다. 우리가 탐심의 노예가 되어 살아가는지 아닌지는 하나님께서 우리 마음의 어디에 자리 잡고 계신지를 보면 안다. 하나님이 항상 우리 마음의 1번이어야 한다. 왜냐하면 우리를 창조하셨고 창조 후에 영생을 주셨고 너무나 많은 영광을 주시기 때문이다. 이것을 늘 점검해야 한다. 어떤 일이 있어도 하나님이 우리 마음에서 최고가 되셔야 한다. 내 마음을 점검해 보라. 누가복음 18장 8절이다.

'내가 너희에게 이르노니 속히 그 원한을 풀어 주시리라 그러나 인자가 올 때에 세상에서 믿음을 보겠느냐 하시니라'

예수님께서 재림하실 때가 가까워져 오면 많은 사람들이 믿음을 배반하고 하나님을 떠날 것을 말씀하고 있다. 왜 믿음을 떠나는가? 탐심 때문이다. 물질 때문이다. 왜 수많은 사람들이 하나님을 떠나는가? 하나님이 그 마음에 1번으로 자리 잡지 못하기 때문이다. 돈과 하나님이 부딪힐 때 돈이 하나님보다 커진다. 그 마음의 우선순위가 하나님이 아니라는 증거다.

이런 이유로 수많은 사람들이 현대판 바알인 돈과 하나님 사이에서 머뭇머뭇하고 있다.

우리는 이 신앙의 혼돈에서 벗어나야 한다. 비결은 간단하다. 우리 마음을 언제나 점검하면 된다. 하나님만이 전부가 되면 간단하다. 성령님께서 도와주시고 능력을 주신다. 사탄은 결사 항전한다. 돈 없으면 죽는다고, 아니다. 죽지 않는다. 오히려 하나님이 안 계시면 죽는다.

엘리야의 제안(왕상18:24)

왕과 백성들에게 경고하고 난 다음 엘리야는 본격적인 사역을 시작한다. 이 가뭄의 실제적인 원인을 제공한 바알 선지자들에게 눈을 돌린다. 엘리야가 바알 선지자들에게 왕상 18장 24절에서 멋진 제안을 한다.

'너희는 너희 신의 이름을 부르라 나는 여호와의 이름을 부르리니 이에 불로 응답하는 신 그가 하나님이니라 백성이 다 대답하되 그 말이 옳도다 하니라'

23절 말씀에서 엘리야는 송아지를 잡아서 나무 위에 놓고 각자 섬기는 신에게 기도해서 그 신이 불을 내리게 하자고 제안을 했었다. 그리고 24절 말씀에서 엘리야는 각자 섬기는 신의 이름을 부르고 그 응답으로 불을 내려주시는 신이 진짜 하나님임을 말하고 있다. 그랬더니 백성들이 그 말이 옳다고 맞장구를 쳤다.

여기서 이름을 부른다는 말이 중요하다. 왜냐하면 어떤 대상의 이름에는 뜻과 의미가 있기 때문이다. 그래서 그 이름을 부르면 그 의미가 드러난다. 누가 우리의 이름을 부르면 우리가 대답하지 않는가? 그러니까 바알 선지자들이 바알의 이름을 부르면 그 이름에 합당한 응답이 올 것이고 여호와의 선지자인 엘리야가 여호와를 부르면 그 이름에 합당한 응답이 올 것이다.

바알 뜻이 무엇인가? 이 말은 주인, 하나님이라는 의미다. 그렇다면 엘리야가 부르겠다고 한 여호와의 뜻은 무엇인가? 이 말의 뜻은 '스스로 있는 자'다. 역시 주인, 하나님이라는 의미를 가지고 있다. 이 세상 피조물 중에는 그 어떤 것도 스스로 존재하는 것은 없다. 모두가 시작이 있고 끝이 있는 존재다. 이 말은 누군가에 의하여 만들어졌다는 의미다. 그래서 여기 스스로 있는 자라는 말씀은 하나님이라는 말씀이 된다. 이제 잠시 후면 누가 하나님이신가가 드러난다. 진짜와 가짜가 드러난다. 그 이름을 불렀을 때 판가름 날 것이다.

이 시대에 우리가 불러야 할 하나님의 이름은 무엇인가? 바로 여호와다. 하나님의 독생자 예수님이다. 이 예수의 뜻은 '자기 백성을 죄에서 구원할 자'라는 의미다. 마태복음 1장 21절에, **'아들을 낳으리니 이름을 예수라 하라 이는 그가 자기 백성을 그들의 죄에서 구원할 자이심이라 하니라'** 예수님은 아무 사람이나 구원하시는 분이 아니시다. 자기 백성만을 구원하신다. 자기 백성인지 아닌지를 알 수 있는 방법이 있는가? 있다. 바로 예수님 백성은 예수님의 이름을 부른다.

로마서 10장 13절이다. **'누구든지 주의 이름을 부르는 자는 구원을 받으리라'**

"예수님 내가 주님을 믿습니다."라고 부르고 고백하는 것이 중요한 이유다. 따라서 우리는 예수라는 이름을 자주 불러야 한다. 예수님을 자주 부를 때 우리는 구원을 얻고 구원을 경험한다. 왜냐하면 예수라는 이름 속에 구원을 일으키는 능력이 있기 때문이다. 이 구원은 죄로부터의 구원이다. 뿐만 아니라 구원받은 후에는 죄를 이기는 데까지 나아간다. 많은 사람들이 예수 이름을 힘 있게 부른다. 그런가 하면 교회를 다니면서도 전혀 부르지 않는 사람들이 있다. 그 차이는 참으로 크다. 죄로부터의 구원을 누리고 구원을 경험하는 정도에서 큰 차이를 가져 온다. 성도들은 삶 속에서 예수라는 이름을 입에 달고 살아야 한다. 예수님을 떠나서는 살 수 없는 존재가 성도다. 예수님은 우리에게 생명이요 능력이요 구원이다. 따라서 우리는 언제나 예수라는 이름을 불러야 한다. 마음으로 부르고 입으로 불러야 한다. 왜냐하면 예수님이 능력의 원천이시고 그 이름을 부를 때 구원의 능력이 나타나기 때문이다.

사탄이 이것을 방해한다. 예수님의 이름을 부르지 못하도록 방해한다.

예수님이라는 말 대신 주님이라고 부를 수도 있다. 주님이라 부를 때의 이 말은 우리의 위치를 알려준다. 주님이라는 호칭도 자주 불러야 한다. 그러나 예수님을 부를 때에만 우리에게 구원의 능력이 임한다. 예수님이라고 부를 때 구원의 능력이 임하는 이유는 그 이름의 뜻이 '자기 백성을 죄에서 구원하시는 분'이라는 뜻을 가지고 있기 때문이다.

백성들은 엘리야가 제안하는 말을 듣고 '그 말이 옳도다.'라고 했다. 이 말은 백성들이 얼마나 하나님을 불신하는지를 보여주는 분명한 증거다. 하나님의 말씀만 가지고는 안 되겠다는 의미다. 뭔가 눈에 보이는 것이 있어야 믿겠다는 의도가 들어있다.

지금도 기록된 하나님의 말씀만 가지고는 안 되겠다는 사람들이 있다. 이것은 비극이다. 기록된 하나님의 말씀은 너무나 풍성한 생명의 양식이다. 말씀이면 다 된다. 우리가 일평생 먹어도 다함이 없는 생명의 양식이 바로 기록된 하나님의 말씀이다. 말씀 이외에 뭐가 더 필요한가? 성경에 대하여 거의 무지한 사람들이 이적을 찾고 기적을 찾아 헤맨다. 성도는 말씀자체의 풍성한 은혜를 사모해야 한다.

구약성경 아모스 8장 11절이다.

'주 여호와의 말씀이니라 보라 날이 이를지라 내가 기근을 땅에 보내리니 양식이 없어 주림이 아니며 물이 없어 갈함이 아니요 여호와의 말씀을 듣지 못한 기갈이라'

이 땅에서 살아가고 있는 수많은 사람들의 진정한 문제는 양식의 문제가 아니다. 물질과 돈의 문제가 아니다. 그것은 바로 하나님의 말씀의 문제다. 하나님의 말씀을 듣지 못한 데서 생기는 문제다. 하나님의 말씀만 제대로 들으면 문제가 없다. 말씀을 듣지 못하는데서 모든 문제가 발생한다. 많은 사람들이 하나님의 말씀을 듣는데 관심이 없다. 하나님의 말씀을 무시한다. 이것은 말씀의 기갈의 저주 안에 있기 때문이다. 하나님의 기록된 말씀의 풍성함을 알지 못하는데서 오는 비극이다.

말씀대신 다른 데는 많은 관심을 가지고 사는 사람들이 많다. 오히려 눈에 보이는 우상에게 푹 빠져 있다. 눈에 보이는 우상을 하나님으로 섬기면 망한다고 말씀하셨는데도 계속 섬긴다. 그러다보니 하나님의 말씀도 눈에 보여야 한다고 믿는다. 하늘에서 불이 내리는 것을 보면 하나님으로 인정하겠다는 심사다.

하나님께 대한 우리의 신앙은 철저하게 말씀에 기초해야 한다. 창세기부터 요한계시록까지 기록된 말씀에 기초하지 않으면 우리의 믿음이 견고해질 수가 없다. 성경말씀에 이적이 없는 것이 아니다. 그러나 이적을 체험하면서 시작된 신앙도 결국 말씀으로 돌아와야 한다. 말씀위에서 신앙의 뿌리를 깊이 내려야 하고 말씀 위에 신앙을 견고하게 건축해야 한다.

귀한 말씀을 듣고 배우며 그 말씀이 이루어지는 영적인 축복을 누려야 한다. 말씀을 바르게 듣지 않으니까 결국 하나님을 신뢰하지 못한다. 하나님의 말씀을 듣고 경험함으로 믿음생활의 능력을 누려야 한다. 기록된 말씀의 축복을 누리지 못하면 결국 하나님을 신뢰하지 못하게 되고 급기야는 눈에 보이는 우상을 찾게 된다.

히브리서 4장 12절로 13절이다.

'12 하나님의 말씀은 살아 있고 활력이 있어 좌우에 날선 어떤 검보다도 예리하여 혼과 영과 및 관절과 골수를 찔러 쪼개기까지 하며 또 마음의 생각과 뜻을 판단하나니 13 지으신 것이 하나도 그 앞에 나타나지 않음이 없고 우리의 결산을 받으실 이의 눈앞에 만물이 벌거벗은 것 같이 드러나느니라.' 우리는 오직 기록된 하나님의 말씀위에 우리의 신앙을 건축해야 한다. 그것만이 요동하지 않는 견고한 하나님의 사람이 되는 유일한 비결이다.

불의 의미(왕상18:25)

엘리야는 자기 앞에 거창한 의상을 입고 대단한 권위나 가진 것처럼 거들먹거리고 있는 바알 선지자들을 향하여 담대히 말하고 있다. 열왕기상 18장 25절이다.

'엘리야가 바알의 선지자들에게 이르되 너희는 많으니 먼저 송아지 한 마리를 택하여 잡고 너희 신의 이름을 부르라 그러나 불을 붙이지 말라'

엘리야는 바알 선지자들에게 우선권을 주고 있다. 숫자가 많으니 먼저 그들의 신의 이름을 부르라 말한다. 또 두 마리 송아지 중에서 한 송아지를 택하여 잡으라고 우선권을 주고 있다. 왜 그렇게 하는 것인가? 만일 엘리야가 먼저 여호와의 이름을 부르게 된다면 바알 선지자들이 이것저것 핑계를 댈 수도 있다. 특히 제물인 '송아지가 마음에 들지 않는데, 좋은 것을 엘리야가 먼저 가지고 갔다느니' 하면서 말이다.

또 그들에게 우선권을 주는 것은 상당히 위험한 일이기도 하다. 만일 바알 선지자들이 먼저 자신들의 신의 이름을 불러서 하늘에서 불이 내려오기라도 하는 날이면, 엘리야는 그대로 죽게 된다. 여호와의 이름을 부를 기회도 잡아보지 못하고 죽는다. 엘리야는 그것도 감수하겠다는 마음으로 우선권을 그들에게 주었다. 하나님을 신뢰했기 때문이다.

엘리야는 바알 선지자들에게 우선권을 주면서 한 가지 더 제안했다. 25절 끝에 보면 '불을 붙이지 말자'고 했는데, 이 말은 단순한 말이 아니다. 온전히 하나님께서만 불을 내리셔서 제물에 불을 붙이도록 하자는 말이다. 성경에 나오는 여러 가지 불을 살펴보면, 이 말의 중요성을 알 수 있다.

창세기 15장에 보면 아브라함이 하나님께서 하신 약속을 확인하기 원했을 때, 하나님께서는 아브라함에게 제물을 가져오라 하시고 가져온 그 제물 사이로 불이 지나가도록 하셨다.

또 창세기 19장에 보면 소돔과 고모라를 멸망시킬 때에도 하나님께서 불을 내리셨다.

그런가 하면 출애굽기 3장에서 모세에게 나타나실 때, 광야에 있는 떨기나무를 불붙게 하심으로써 모세로 하여금 하나님을 주목하도록 역사하기도 하셨다.

또 출애굽기 13장에 보면, 하나님께서 이스라엘 백성들을 애굽에서 나오게 하셔서 광야를 거쳐 가나안 땅까지 인도하시는 동안, 낮에는 구름기둥으로 밤에는 불기둥으로 인도하셨고 출애굽기 19장에 보면 이스라엘 백성들이 시내 산에 이르렀을 때 하나님께서 그들에게 율법을 주셨는데, 그 때에도 하나님은 연기와 빛 우레와 번개와 불을 통하여 그들에게 말씀하셨다.

뿐만 아니라 하나님은 성막에서 드려지는 예배와 제사를 받으셨다는 표시로써 놋 제단 위에 놓인 제물에 불을 내리기도 하셨다.

레위기 9장 24절이다. **'불이 여호와 앞에서 나와 제단 위의 번제물과 기름을 사른지라 온 백성이 이를 보고 소리 지르며 엎드렸더라.'**

또 역대하 7장 1절 이하에 보면, 솔로몬이 성전 건축을 완성하고 나서 제단 위에 첫 제물을 놓았을 때에도 하나님은 불을 내려 그 제물을 사르심으로써 제사를 받으셨음을 보여주셨다.

그러니까 성경에 나타나는 불에 대한 말씀을 몇 가지로 정리할 수 있다.

첫째로 불은 하나님의 임재를 드러내고 있다. 떨기나무 불 가운데 나타나셔서 모세를 만나주신 하나님을 통하여 우리는 불이 하나님의 임재를 상징한다는 것을 알 수 있다.

둘째로 불은 하나님께서 제사를 받으신 것을 나타낸다. 아브라함이 가져온 제물 사이를 불로 지나가신 것이나, 제사를 드릴 때 하늘에서 불이 내려서 제물을 사른 경우를 통해서 그 사실을 알 수 있다.

셋째로 불은 하나님의 백성들을 인도하는 도구로도 사용하셨다. 광야에 있던 백성들을 불기둥 구름기둥으로 인도하신 경우가 그것이다.

마지막 넷째로 불은 죄악으로 오염된 사람들을 심판하는 도구로 사용하셨다. 소돔과 고모라를 불로 멸망시키신 사실을 통하여 알 수 있다. 요한계시록20장 14절로 15절에도 **'14 사망과 음부도 불 못에 던져지니 이것은 둘째 사망 곧 불 못이라 15 누구든지 생명책에 기록되지 못한 자는 불 못에 던져지더라.'**고 말씀하신다. 즉 최후의 심판도 역시 불로 이루어질 것이다.

그렇다면 본문에서 엘리야가 제물에 불을 내리도록 하는 제안을 한 것이 어떤 의도를 가지고 했는지를 살펴보아야 한다. 그것은 두 번째와 네 번째다. 다시 말해서 지금 엘리야는 제사를 드리려고 한다. 뿐만 아니라 하늘에서 불이 내려와서 우상숭배를 선도한 바알 선지자들을 모두 심판하려는 목적을 가지고 있다.

하나님께서 비를 내리셔서 3년 여 동안의 가뭄과 흉년을 해결해 주실 것이지만, 그보다 전에 할 일이 있는데 그것은 왕과 이스라엘 백성들의 죄를 위하여 속죄의 제사를 드려야 한다. 제사를 드려서 불로 응답을 받아야 이스라엘 백성들이 죄 용서를 받게 된다. 그래야 비가 올 것이다. 또 우상숭배를 획책한 바알 선지자들을 하나님의 불로 심판해야 한다. 이런 이유로 엘리야는 하늘에서 불이 내리도록 하는 제안을 백성들과 바알 선지자들에게 한 것이다.

하나님의 백성들이 명심해야 할 진리가 이것 아닌가? 우리가 하나님께 죄를 범하고도 회개하지 않으면 하나님의 심판이 임한다는 것을 늘 기억해야 한다. 회개는 아무나 하는 것이 아니다. 회개는 겸손한 성도들만이 할 수 있다. 교만하면 회개가 안 된다. 회개가 무엇인가? '메타노에오'라는 말인데, 이 말은 '오던 길로 되돌아간다.'는 의미를 가지고 있다. 우리의 입으로 잘못한 것을 고백하면서 잘못된 길로 가던 발걸음을 멈추고 되돌아오는 것을 회개라 한다.

회개에는 엄청난 축복이 보장되어 있다. 이것을 사탄도 알기에 성도들이 회개하지 못하도록 수단과 방법을 가리지 않고 미혹한다. 회개하면 재산을 다 잃는다는 둥, 평판이 안 좋아지고 명예를 잃는다는 둥 하면서 회개를 방해한다. 거두절미하고 회개하면 축복이 임한다. 회개하지 않으면 저주가 임한다. 하나님의 심판이 임한다. 따라서 우리는 하나님 앞에 잘못된 길을 갈 때에 즉시 회개해야 한다. 즉시 돌아와야 한다. 우리가 회개할 때 하나님의 불이 임한다. 회개에 합당한 열매를 맺게 하고 용서의 불이 임한다. 평강의 은혜가 임한다.

고린도후서 7장 9절로 10절이다.

'9 내가 지금 기뻐함은 너희로 근심하게 한 까닭이 아니요 도리어 너희가 근심함으로 회개함에 이른 까닭이라 너희가 하나님의 뜻대로 근심하게 된 것은 우리에게서 아무 해도 받지 않게 하려 함이라 10 하나님의 뜻대로 하는 근심은 후회할 것이 없는 구원에 이르게 하는 회개를

이루는 것이요 세상 근심은 사망을 이루는 것이니라.'

성도는 이런 회개의 축복을 받아 누려야 한다.

하지만 우리가 죄를 짓고 회개하지 않으면 하나님은 우리에게 심판의 불을 내리신다. 회개의 기회는 우리가 살아가는 동안 언제나 주어진다. 이것은 엄청난 축복이다. 예수님께서 재림하시면 회개의 기회도 사라진다.

고린도후서 6장 2절이다. **'이르시되 내가 은혜 베풀 때에 너에게 듣고 구원의 날에 너를 도왔다 하셨으니 보라 지금은 은혜 받을 만한 때요 보라 지금은 구원의 날이로다.'**

이 말씀은 지금은 누구든지 회개의 기회가 열려 있다는 말씀이다. 회개하는 자마다 생명의 은혜를 풍성하게 부어주시겠다는 말씀이다.

하나님은 불을 가지신 분이시다. 그 불로 우리에게 임재하시는 복을 주실 수도 있고 우리의 죄를 용서하시는 복을 주실 수도 있고 또 길을 인도하시며 우리를 지켜주시는 수단으로도 사용하신다. 그러나 우리가 회개하지 않고 완악한 마음을 계속 가지고 있으면 심판의 불을 내리신다. 우리는 언제나 하나님 앞에 믿음으로 살아야 한다. 하나님의 임재 속에서 살고 하나님의 인도하심을 받으며 살고 또 잘못한 것은 즉시 회개함으로 주님 주시는 용서의 은혜 속에서 살아가야 한다. 그 누구도 계속 불순종하므로 심판의 불을 받아서는 안 된다.

내리지 않는 불(왕상18:26-29)

엘리야의 제안을 받은 바알 선지자들은 드디어 행동하기 시작한다. 본문 26절이다.

'그들이 받은 송아지를 가져다가 잡고 아침부터 낮까지 바알의 이름을 불러 이르되 바알이여 우리에게 응답 하소서 하나 아무 소리도 없고 아무 응답하는 자도 없으므로 그들이 그 쌓은 제단 주위에서 뛰놀더라.'

어떻게 행동하고 있는가? 펄펄 뛰고 있다. 바알의 이름을 불러가며 과격하게 춤추고 있다. 하나님을 섬기는 사람들과 다르다. 성도들의 특징은 침착하다. 엘리야가 나중에 하는 것을 보면 이것을 확인할 수 있다. 물론 성도들도 하나님을 찬양하며 춤출 수 있다.

하나님을 조용히 섬기면 안 되는 것처럼 생각하는 사람들이 있다. 뭔가 화끈한 것이 있어야 한다고 생각한다. 그렇지 않다. 원래 성령 충만하면 성령의 열매가 맺히게 되어 있다. 우리가 그 열매를 맺는 것이 아니라 성령님께서 맺히는 열매다. 성령의 열매 중에 맨 마지막 열매는 절제다. 절제는 차분하고 침착하다. 성도는 성령님께서 맺혀 주시는 열매를 먹는다. 그 열매를 먹을 때 예의가 나타나고 언어의 정제됨이 나타나고 교양이 나타난다.

본문에 보면 바알 선지자들이 바알에게 불을 내려달라고 난리를 치고 있다. 절제된 모습이 도무지 보이지 않는다. 하지만 아무리 춤추고 기도해도 불이 내리지 않았다. 그러자 옆에서 지켜보고 있던 엘리야가 비아냥거리고 있다.

열왕기상 18장 27절이다.

'정오에 이르러는 엘리야가 그들을 조롱하여 이르되 큰 소리로 부르라 그는 신인즉 묵상하고 있는지 혹은 그가 잠깐 나갔는지 혹은 그가 길을 행하는지 혹은 그가 잠이 들어서 깨워야 할 것인지 하매'

엘리야가 즉시 비아냥거린 것이 아니다. 아침부터 정오까지 그러니까 최소한 몇 시간 동안 기도하고 춤추고 난리를 피웠는데도 불은 고사하고 불똥도 튀지 않았다. 이런 상황에서 엘리야는 바알을 조롱한다. 바알이 묵상하고 있는지, 혹 잠깐 나갔는지, 이 말은 원문에 보면 '화장실에 갔는지'라는 의미다. 신도 화장실에 가야 된다는 말은 신이 아니라는 비아냥거림이다. 또 길을 행하는지, 혹 피곤해서 잠들어 있는지 모르겠다고 놀리고 있다.

오늘 여호와 하나님 말고 이 땅에 존재하는 진정한 신이 있는가? 우리가 하나님의 백성이라면 우리도 엘리야처럼 사탄의 세력, 바알의 세력을 조롱할 수 있다. 그래도 바알이 엘리야를 어떻게 하지 못했던 것처럼 우상들도 우리를 어떻게 할 수가 없다. 사실 성도는 위대한 능력을 하나님께로부터 받은 사람들이다. 그러나 만일 세상 사람들이 하나님에 대하여 조롱한다면 그 사람은 그 책임을 반드시 지게 되어 있다. 회개하지 않는다면 지옥에 떨어지게 된다.

엘리야의 조롱을 들은 바알 선지자들은 점점 더 열심을 냈다.

열왕기상 18장 28절로 29절이다.

'28 이에 그들이 큰 소리로 부르고 그들의 규례를 따라 피가 흐르기까지 칼과 창으로 그들의 몸을 상하게 하더라 29 이같이 하여 정오가 지났고 그들이 미친 듯이 떠들어 저녁 소제 드릴 때까지 이르렀으나 아무 소리도 없고 응답하는 자나 돌아보는 자가 아무도 없더라.'

소리를 지르고 춤을 춰도 불이 내리지 않았다. 그랬더니 이번에는 더 큰 소리로 기도하면서 칼과 창으로 자신들의 살을 찌르고 베면서, 그래서 피가 흘러내리게 하면서 저녁때까지 요란을 떨었다. 더 놀라운 것은, 29절에 보니까 '미친 듯이 떠들어댔다'고 말씀하고 있다. 옛 성경에는 '진언'을 했다고 기록하고 있다. 이 말은 일종의 엑스타시로 황홀경에 들어갔다는 말이다. 우상을 섬긴다고 해서 아무런 영적인 체험이 없는 것이 아니다. 이들에게도 신비롭고 신령한 체험들이 있다. 요가니 명상이니 하는 사람들이 왜 계속 매력을 느끼는가? 이런 엑스타시 즉 황홀경을 때때로 체험하기 때문이다. 거기 깊이 빠져 있는 많은 사람들이 마음의 평화를 체험했다고 말한다. 황홀경에 들어간다고 말하기도 한다. 그러나 그렇다고 해서 그런 체험들이 영혼과 육체를 구원해 낼 수 있는 것이 아니다. 사탄도 사람들에게 얼마든지 신비로운 체험을 하게 할 수 있기 때문이다. 이런 이유로 성도들은 정신을 차려야 한다. 입신을 하거나 신령한 체험을 한다고 해서 다 하나님이 주시는 것이라고 생각해서는 안 된다.

중요한 사실은 이렇게까지 했는데도 하늘에서 불이 내리지 않았다. 그렇다면 과연 그들이 섬기던 바알은 불을 내릴 수 없는 신일까? 아니다. 바알도, 즉 사탄도 불을 내릴 수 있다. 만일 바알 선지자들이 불을 내리는 체험을 한 적이 없었더라면 엘리야의 제안을 절대 수용하지 않았을 것이다. 전에 이런 경험을 한 적이 있기에 엘리야의 제안을 받아들인 것이다. 또 이렇게 몸부림을 치면서 바알에게 불을 구하고 있는 것이다.

욥기 1장 16절이다.

'그가 아직 말하는 동안에 또 한 사람이 와서 아뢰되 하나님의 불이 하늘에서 떨어져서 양과 종들을 살라 버렸나이다. 나만 홀로 피하였으므로 주인께 아뢰러 왔나이다.'

이것은 욥의 가정이 사탄에 의하여 불로 피해를 보는 장면이다. 본문에는 하나님의 불이라고 했지만, 사실은 사탄이 하나님께 허락을 얻어 욥의 가정에 불을 내린 것이다. 욥기 1장과 2장의 내용을 아는 분들이라면 이해가 갈 것이다.

또 요한계시록 13장 12절로 13절에도 나온다.

'12 그가 먼저 나온 짐승의 모든 권세를 그 앞에서 행하고 땅과 땅에 사는 자들을 처음 짐승에게 경배하게 하니 곧 죽게 되었던 상처가 나은 자니라 13 큰 이적을 행하되 심지어 사람들 앞에서 불이 하늘로부터 땅에 내려오게 하고'

요한계시록 13장에는 사탄의 편에 선 두 짐승이 나오는데 하나는 바다에서 나오고 또 하나는 땅에서 올라온다. 이 본문은 그 중 땅에서 올라온 사탄의 부하인데 하늘에서 불이 내리게 하는 능력을 행사하고 있다.

그러니까 사탄의 종노릇하는 바알도 불을 내릴 수가 있다. 바알 선지자들은 평소에 바알에게 빌어서 불을 내리게 한 적이 분명히 있었다. 만약 그렇지 않았다면 이러한 게임에 참가하지도 않았을 것이다. 어떻게 해서든지 엘리야의 제안을 피했을 것이다. 그렇다면 이 자리에서는 왜 불이 내리지 않은 것인가? 이유가 무엇인가?

하나님이 허락하시지 않았기 때문이다. 사탄의 모든 활동은 하나님의 허용 하에서 진행된다. 특히 갈멜산에서 사탄이 자신의 종들의 요구에 불을 내리지 못하고 있는 것은 제사와 관련이 있다. 즉 이 갈멜산의 사건이 이스라엘의 아합 왕과 백성들의 죄를 용서하기 위하여 드리는 제사이기 때문이다. 하나님의 백성들이 제사를 드리는 이유는 생명과 관련이 있다. 제사는 파괴와 관련이 없다. 다시 말해서 사탄은 사람을 죽이고 무엇을 파괴하는데 불을 내릴 수 있을 뿐이지 사람을 살리고 죄를 용서하는 데는 불을 내릴 수가 없다. 바알 선지자들은 이것을 깨닫지 못한 것이다. 오직 하나님만이 인간의 죄를 용서하실 수 있고 영원한 생명을 주실 수 있다. 하나님만이 속죄의 제사에 생명의 불로서 응답하실 수 있다. 백성들이 제물을 제단 위에 놓았을 때 그 위에 불을 내리시는 것은 백성들의 죄를 용서하신다는 표시다.

지금도 사탄은 사람들을 파괴하고 멸망시키는데 혈안이 되어 있을 뿐이다. 사람들의 생명을 살리고 복을 주시는 분은 오직 하나님이시다.

예수님을 믿고 영원한 생명을 얻은 우리가 걸어가야 할 길은 분명하다. 그 길은 엘리야가 걸었던 길이다. 본문에서 보면 엘리야는 하나님의 말씀 위에서 반듯하게 걸어가고 있다. 엘리야는 그렇게 걸어가지 못하는 백성들과 왕에 대하여 경고하면서 하나님과 바알 사이에서 머뭇거리지 말라 경고했다.

뿐만 아니라 엘리야는 백성들과 왕을 잘못된 길로 이끌고 있는 바알 선지자들을 멸망시키려고 시도하고 있다. 오늘 우리들이 걸어갈 길이 바로 이 길이다. 만일 우리가 이렇게 살지 못한다면 우리는 제 역할을 다하지 못하는 것이다. 또 지금도 여전히 하나님과 우상 사이에서 머뭇거리는 수많은 사람들을 구원해내지 못할 것이다. 아예 하나님을 떠나버린 사람들을 구원하기는 더더욱 어려울 것이다.

따라서 우리의 신앙을 점검해보라. 그 점검의 기준이 무엇인가? 엘리야처럼 하나님의 말씀 위에서 반듯하게 걸어가는 것이다. 사실 이것은 우리 힘으로 불가능하다.

그 반듯함의 기준이 무엇인가? '하나님 제일주의'다.

우리 마음에 오직 하나님만을 가장 귀한 분으로 모시고 사는 것이다. 이것이 우리 힘으로 불가능하다는 말이다. 그러나 걱정할 것 없다. 하나님이 우리의 이런 형편을 아신다. 그래서 이것을 도와주시려고 성령님을 보내주셨다.

우리가 정직하게 우리의 형편을 하나님께 아뢰면 된다. 무엇을 통하여 이것을 할 수 있는가? 기도를 통하여 가능하다. 내 마음의 보좌에 예수님 말고 똬리를 틀고 앉아 있는 것들을 그 자리에서 내쫓아야 한다. 어떻게 내쫓는가? 주님께 도움을 요청하면 된다. 내 힘으로 되지 않으니 주님의 능력으로 쫓아달라고 말이다.

이렇게 기도하면 주님께서 도와주신다. 성령님을 통하여 도와주신다. 하늘에서 성령의 불이 내리게 하심으로 내 마음 보좌에 주님이 좌정하시게 된다. 그 때 비로소 모든 것이 자리가 잡힌다. 하늘의 신령한 단비가 쏟아진다. 3년이 넘게 가물어 온 국토가 초토화되었던 이스라엘 대지에 단비가 쏟아지듯이 성령의 단비가 쏟아진다.

토의 문제

1. 엘리야는 왕상18:24에서, 서로 자기들의 신의 이름을 불러서 하늘에서 불이 내리도록 제안을 한다. 즉 바알의 이름과 여호와 하나님의 이름이다. 이름을 부르는 것이 왜 중요한지를 나눠 보라.

특별히 예수님의 이름을 부르는 것이 왜 중요한지를 나눠보라.

2. 성경에 나오는 불의 네 가지 의미에 대하여 나눠 보라.

그리고 엘리야가 제안한 불(왕상18장 24-25절)의 의미에 대해서도 나눠보라.

3. 왕상18:26-27절에 보면, 바알 숭배자들이 황홀경에 빠지는 장면이 나온다.

이것은 영적인 체험을 뜻하는 말로 '진언'이라는 말이다. 다른 종교에서 나타나는 이런 현상에 대하여 나눠보라.

기 도

1. 토의 내용을 통하여 하나님께 찬양하고 감사하며 고백하고 회개하라.

2. 토의 내용을 통하여 주신 기도제목을 가지고 간구하라.

무너진 제단

(왕상18:30-36)

열왕기상 18장의 주요 배경은 갈멜산이다.

본문에 등장하는 갈멜산은 성경에서 아주 유명한 산이다. 누구 때문에 유명해졌나? 엘리야 때문에 유명해졌다. 이 갈멜산의 이름 뜻이 '불붙는 산'이라 했다. 하나님은 불을 내려달라는 엘리야의 기도를 들어주신다.

이 불에는 의미가 있다. 성경에 나타나는 불, 다시 말해서 하나님께서 내려주시는 불은 네 가지 의미로 정리할 수 있음을 이미 언급했다. 하나님의 임재, 제사를 받아주심, 이것은 죄용서와 관련이 있다. 또 인도와 보호 마지막으로 심판을 뜻한다.

갈멜산에서 엘리야의 기도에 불을 내리셨을 때, 그것은 두 가지 의미였다. 우선 하나님께서 엘리야의 제물을, 제사를 받으심으로 이스라엘이 하나님 앞에 지었던 모든 죄를 용서해주시는 것이고 둘째는 이스라엘을 파멸의 길로 인도했던 우상 숭배자들을 심판하시기 위함이었다.

이것은 놀라운 하나님의 사랑이 백성들에게 임한 것이며 이스라엘 백성들에게 신앙의 부흥이 일어난 것이다. 하나님을 떠나 우상에 찌들어 살던 이스라엘 백성들에게 다시 한 번 하나님의 크신 은혜가 임하고 있었다. 이

시대를 살아가고 있는 모든 백성들에게도 이런 축복의 역사가 필요하다. 우리의 신앙도 불붙는 신앙이 되어야 한다. 하나님이 내리시는 성령의 불을 통하여 하나님과 우상 사이를 왔다 갔다 하는 잘못된 신앙이 고침을 받아야 한다.

이제 드디어 엘리야가 제물을 드리고 기도할 차례가 되었다. 엘리야는 열왕기상 18장 25절로 29절에서 바알 선지자들에게 우선권을 주면서, 그들이 바알에게 기도하여 제단 위의 제물에 불을 내리게 하므로 바알이 하나님인 것을 증명하라고 요구했었다. 바알의 선지자들은 과거의 경험을 근거로 하여 자신감을 가지고 기도하기 시작 했다. 거의 온 종일 기도하고 박수치고 춤추고 요란을 떨면서, 그래도 안 되니까 자해까지 하면서 기도했다. 이들은 황홀경에 빠져 아무도 알아들을 수 없는 방언으로 바알에게 기도했다. 방언이 신앙생활에 많은 유익을 주지만 하나님이 주시지 않는 방언도 있음을 알아야 한다. 이들은 황홀경에 빠지면서까지 바알에게 간구하고 기도했으나 다 부질 없는 짓이었다. 평소에는 사탄의 능력으로 이 바알 선지자들이 기도할 때 불을 받아 본 적이 분명 있었을 것이나 이번 경우는 통하지 않았다. 불이 내리지 않았다. 왜 불이 내리지 않았나? 원래 사탄은 이롭게 하는 불, 유익한 불, 용서의 불, 은총의 불을 내릴 수 없기 때문이다. 사탄이 내리는 불은 파괴의 불, 저주의 불, 멸망의 불만 내릴 수 있을 뿐이다.

갈멜산에 떨어지는 하나님의 불은 이스라엘 백성들의 우상숭배의 죄를 용서하기 위한 은총의 불이었다. 또한 바알 우상을 섬기는 바알 선지자들을 심판하는 불이었다. 사탄은 이런 불을 내릴 수 없다.

이제 공이 엘리야에게 넘어왔다. 축구 경기에서 비기면 양 팀이 승부를 결정하기 위하여 '페널티킥' 즉 승부차기를 한다. 지금 바알 팀에서는 골을 넣지 못했다. 그래서 뒤로 물러나 있다. 이제 여호와 하나님 팀에서 찰 차례가 되었다. 키커가 누군가? 엘리야다. 이 때 바알 팀 선수들의 기분과 감정이 어떠했을까? 심히 불안했다. 엘리야가 차서 넣으면 자신들은 지는 것이다. 그렇게 되면 모두 죽게 되기에 안절부절 했다.

무너진 제단을 수축하라(왕상18:30-36).

엘리야는 침착하게 행동에 들어갔다. 열왕기상 18장 30절이다.

'엘리야가 모든 백성을 향하여 이르되 내게로 가까이 오라 백성이 다 그에게 가까이 가매 그가 무너진 여호와의 제단을 수축하되'

엘리야는 백성들을 자신에게 가까이 오라고 했다. 이유가 무엇인가? 지금부터 엘리야가 하는 행동을 잘 봐야 한다는 의미다. 지금까지 이스라엘 백성들의 문제가 무엇인지, 왜 이스라엘 땅에 3년 여 동안 비가 오지 않았는지, 어떻게 하는 것이 신앙생활을 바로 하는 것인지를 직접 눈으로 확인해야 되기 때문에 가까이 오라고 했다. 백성들을 불러 모은 엘리야는 그들이 보는 앞에서 **'무너진 여호와의 제단을 수축했다'**고 말씀한다.

이 말은 이미 갈멜산에도 여호와를 섬기는 제단이 있었다는 말도 되고 전체적인 예배의 제단을 뜻하기도 한다. 알다시피 이스라엘에 하나님을 섬기는 제단은 이미 사라져 있었다. 이스라엘의 죄, 그들의 문제는 바로 무너진 여호와의 제단에 있었다.

그러니까 하나님께서 원하시는 제사를 제대로 드려야 백성답게 사는 것인데, 제단이 무너졌기 때문에 제사가 불가능했다. 오히려 백성들은 바알 우상을 섬겼다. 왕과 백성들에게 큰 문제가 아닐 수 없었다. 구약시대 이스라엘 백성들에게 있어서 하나님께 드리는 제사는 생명 그 자체였다. 그들은 제단에서 제사를 드려 하늘에서 응답의 불이 내려야 살 수 있는 사람들이었다. 응답의 불이 내릴 때 그들은 하나님의 임재를 체험하며 즐거워했다. 불이 내릴 때 그들의 죄가 용서를 받았다. 불이 내릴 때 그들을 인도하시고 보호하시는 하나님의 사랑을 경험할 수 있었다. 불이 내릴 때 하나님의 심판이 면제되고 오히려 세상에 하나님의 심판을 선포하는 삶을 살 수 있었다.

그러나 여호와의 제단이 허물어져서 더 이상 제사를 드릴 수가 없었다. 제사를 드리지 못하니 하나님께서 은혜와 축복의 불을 내리지 않으셨다. 구약시대에 제사를 드리지 못하고 은혜의 불을 받을 수 없다면 그것은 더 이상 하나님의 백성이라 할 수 없다. 오히려 하나님의 축복을 전혀 받지 못하고 살아가게 된다.

그래서 엘리야는 백성들이 보는 앞에서 여호와의 제단을 수축했다. 온전하게 제단을 고쳤다. 하나님의 불이 떨어지기 위해서는 반드시 제단을 고쳐야 했다. 어떻게 고쳤는가에 대하여 열왕기상 18장 31절에서 설명한다.

'야곱의 아들들의 지파의 수효를 따라 엘리야가 돌 열두 개를 취하니 이 야곱은 옛적에 여호와의 말씀이 임하여 이르시기를 네 이름을 이스

라엘이라 하리라 하신 자더라.'

엘리야는 야곱의 아들들의 지파의 수효를 따라 돌 열두 개를 취해서 제단을 수축했다. 이것은 이스라엘 온 백성의 죄를 용서받게 하기 위함이었다. 엘리야는 원래 북 이스라엘의 선지자다. 다윗과 솔로몬이 통치하던 시대에는 열 두 지파가 함께 있었지만 솔로몬이 죽고 그 아들 르호보암 때에 나라가 남쪽과 북쪽으로 나누어졌다. 엘리야 당시에는 나누어진 이 두 나라가 함께 공존하고 있었다. 엄밀히 말해서 엘리야가 지금 드리려고 하는 제사는 남쪽에 있는 백성들보다는 북쪽에 있는 백성들의 죄 때문에 드리는 제사였다.

그렇다면 열두 돌을 취할 필요가 없었다. 오히려 북쪽 백성들을 구성하고 있는 열 개의 지파를 대신하면 되니까 열 개의 돌만 취하면 되었다. 왜냐하면 르호보암 왕 시절 나라가 갈라질 때 남쪽 유다는 유다지파와 베냐민 지파가 주류를 이루었고 북쪽 이스라엘은 나머지 열 개 지파 중심으로 나라가 세워졌기 때문이다.

하지만 엘리야의 생각 속에 이스라엘의 분단은 존재하지 않았다. 남쪽이나 북쪽이나 모두 하나님이 사랑하시는 백성임을 잊지 않았다. 그래서 열두 돌을 취한 것이다.

엘리야가 제단을 수축하는 모습을 계속 보자. 열왕기상 18장 32절로 35절이다.

'32 그가 여호와의 이름을 의지하여 그 돌로 제단을 쌓고 제단을 돌아가며 곡식 종자 두 세아를 둘 만한 도랑을 만들고 33 또 나무를 벌이고

송아지의 각을 떠서 나무 위에 놓고 이르되 통 넷에 물을 채워다가 번제물과 나무 위에 부으라 하고 34 또 이르되 다시 그리하라 하여 다시 그리하니 또 이르되 세 번째로 그리하라 하여 세 번째로 그리하니 35 물이 제단으로 두루 흐르고 도랑에도 물이 가득 찼더라.'

엘리야는 여호와의 이름을 의지하여 열두 돌로 제단을 쌓았다. 그리고 단 주위에 도랑을 만들고 나무 위에 송아지를 잡아서 올려놓고 파 놓은 도랑 위에 물을 가져다가 부었다. 엘리야는 이렇게 하나님 앞에 제사 드릴 준비를 끝냈다.

여기서 우리가 한 가지 잊지 말아야 할 진리가 있다. 엘리야가 여호와의 단을 수축하고 그 위에 송아지 제물을 올려놓는 행동들은 엘리야 맘대로 한 것이 아니라는 사실이다. 어떻게 그것을 알 수 있나? 이어지는 36절이다.

'저녁 소제 드릴 때에 이르러 선지자 엘리야가 나아가서 말하되 아브라함과 이삭과 이스라엘의 하나님 여호와여 주께서 이스라엘 중에서 하나님이신 것과 내가 주의 종인 것과 내가 주의 말씀대로 이 모든 일을 행하는 것을 오늘 알게 하옵소서.'

우선 엘리야는 본문에서 하나님을 부를 때 의미심장하게 부른다. 그냥 하나님이라고 하지 않고 아브라함과 이삭과 이스라엘, 즉 야곱의 하나님으로 부르고 있다. 이 말이 무슨 뜻인가? 그냥 하나님만을 부르는 것과 이렇게 부르는 것은 어떤 차이가 있는가? 아브라함과 이삭과 야곱의 하나님이라고 할 때 기억해야 할 진리가 있다. 그것은 하나님이 죽은 자의 하나님이 아니라 산 자의 하나님이라는 의미다. 엘리야 당시에 아브라함과 이삭과 야곱이 이 땅에 있지는 않았으나 하나님 앞에 살아 있는 존재임을 인식하고 확증하는 말이다. 그러니까 하나님은 죽은 자의 하나님이 아니고 산 자의 하나님임을 고백하는 것이다. 생생한 신앙고백이다.

우리의 신앙고백도 이래야 한다. 하나님은 죽은 자의 하나님이 아니시다. 이 땅에 살았던 모든 성도들이 지금 살아 있다. 하나님은 그들의 하나님이시다. 그렇다. 우리 앞에 왔다가 예수님을 잘 믿고 천국에 간 모든 성도들도 지금 생생하게 살아있다는 사실이다. 그들은 살아서 살아계시는 하나님과 함께 있다.

엘리야가 아브라함과 이삭과 야곱의 하나님이라고 할 때, 이 말의 진정한 의미는 자기가 섬기는 하나님이 바알과는 다른 하나님임을 드러내는 말이다. 능력이 없어서 불도 내리지 못하고 아무 반응도 못하는 바알 같은 신이 아니라는 뜻이다. 자신이 섬기는 하나님은 능력의 하나님이시기 때문에 반드시 불을 내려 주실 것을 확신하면서 부른 하나님의 이름이었다.

이렇게 하나님의 이름을 부른 엘리야는 자신이 여호와의 전을 수축하고 제사를 드리는 모든 방법이 어떤 기준에 따라 하고 있다고 말하고 있는가? 엘리야는 자신이 여호와의 전을 수축하고 제사 드리는 모든 일이 '하나님의 말씀대로, 뜻대로' 행하고 있음을 분명히 말하고 있다.

우리의 무너진 단을 수축하라(왕상18:36)

이 말씀이 우리에게 주시는 교훈이 무엇인가? 구약시대나 신약시대나 모든 하나님의 백성들에게 필요한 것은 불이다. 하나님이 내려주시는 불이다. 은혜의 불이요 성령의 불이 필요하다. 우리는 하늘의 불을 받아야 살 수 있는 사람들이다. 이 불은 하나님의 임재의 불이다. 하나님은 지금 성령으로 우리에게 이런 불을 주신다. 죄 용서의 은혜를 성령님의 역사를 통하여 허락하신다. 이 성령의 불은 인도와 보호의 불이요 축복의 불이다.

그러나 우리가 성령님의 불과 관련하여 명심해야 할 것이 있다. 우리의 삶 속에 하나님의 불이 떨어지기 위해서는 본문의 말씀처럼 제단이 온전해야 한다. 즉 하나님의 불은 무너진 여호와의 제단을 수축하고 그 위에 하나님의 말씀대로 제물을 올려놓을 때에 내린다.

이것을 위하여 우리의 제단을 점검해야 한다. 나에게 여호와의 제단이 존재하는가를 살펴보아야 한다. 또 제단이 무너져 있지 않은지를 보아야 한다.

우선 한 가지 명심해야 할 것은 무너진 여호와의 전을 수축하는 일은 우리가 할 수 없는 어려운 일이 아니라는 사실이다. 그것이 어려운 일이라면 하나님께서 우리에게 시키지 않으신다. 본문에서 엘리야가 무너진 여호와의 전을 수축하는데 힘들어 하는가? 아니다.

하나님의 백성들에게 있어서 여호와의 전을 수축하는 일은 능히 할 수 있는 일이다. 그러므로 이제 우리에게 여호와의 전이 무너져 있다면 수축하는 공사를 시작해야 한다. 물론 무너진 제단이 없는 성도들은 전혀 걱정을 안 해도 된다. 하지만 여호와의 전이 무너져서 온전치 못하다면 반드시 수축해야 한다. 그러면 여호와의 전이 무너졌는지 무너지지 않았는지를 어떻게 알 수 있는가? 간단하다. 바로 하나님의 불이 떨어지는지의 여부를 보면 알 수 있다.

우리 성도들이 주의 성전에서 하나님의 불을 받기 위해서도 마찬가지다. 주의 말씀대로 신앙생활을 할 때 성령의 불이 임한다. 주의 말씀대로 무너진 단을 세워야 한다. 그 단들이 무너지지 않았다면 증거가 나타난다. 무슨 증거인가? 바로 성령의 불이 내린다.

그러므로 우리는 우리 신앙의 제단, 믿음의 제단을 점검해야 한다. 우리에게 성령의 불이 내리지 않는다면 무너진 제단을 다시 세워야 한다.

우리가 점검해야 할 신앙의 제단은 모두 다섯 가지다.

다섯 가지 신앙의 제단이 튼튼할 때 성령의 불이 하늘로부터 임한다. 그러나 이 균형이 맞지 않으면 제단에 불이 임하지 않는다. 성령의 불이 임하지 않는다. 하늘에서 하나님께서 내려주시는 성령의 불을 받지 못하면 신앙의 위기에 빠진다. 흘러 떠내려가기도 하고 믿음에서 떠나기도 한다.

그러면 이 다섯 가지 제단은 무엇인가?

예배와 말씀과 기도와 봉사와 전도의 제단이다.

이 다섯 가지 신앙의 제단이 무너지지 않아야 성도에게 성령의 불이 임한다. 이 다섯 가지 속에는 모두 성령의 역사가 들어 있다. 하나님이 우리의 신앙의 제단 위에 내려 주시는 불은 성령의 불이기 때문이다. 이 불이 내릴 때 성령의 권능이 임한다. 신앙의 제단이 무너지지 않았을 때 내리는 성령의 역사가 성령의 불이다. 이 역사가 왕성해지는 것이 성령충만이다.

다섯 가지 제단들을 하나씩 살펴보자.

첫째는 예배의 제단이다.

다섯 가지의 제단 중에 예배의 제단은 가장 핵심이 되는 제단이다. 이 제단에 문제가 생기면 나머지는 의미가 없어진다. 말씀과 기도와 봉사와 전도의 제단이 무의미하다.

요한복음 4장 23절로 24절이다.

'23 아버지께 참되게 예배하는 자들은 영과 진리로 예배할 때가 오나니 곧 이 때라 아버지께서는 자기에게 이렇게 예배하는 자들을 찾으시느니라 24 하나님은 영이시니 예배하는 자가 영과 진리로 예배할지니라.'

하나님께 드리는 예배는 영과 진리로 드려야 함을 말씀한다. 하나님이 영이시기 때문에 하나님께 드리는 예배가 영으로 드려져야 한다. 또 진리로 드려져야 한다. 여기 영은 하나님의 성령이시다. 또 진리는 예수님이시다. 그러니 예수님을 의지함으로 예배를 드리라는 말이다.

이 말은 성도가 하나님께 예배드릴 때 예수님의 사역에 기초하여 성령님의 인도하심으로 예배를 드려야 한다는 말이다.

예배는 주일에 교회에서 드리는 예배와 삶으로 드리는 예배가 있다. 어떤 것이 핵심인가? 바로 주일에 하나님 앞에 나와서 드리는 예배가 핵심이다. 주일에 드리는 예배의 제단이 무너지면 모든 것이 무너진다. 주일에 주님 앞에 나올 때 어떻게 나와서 예배를 드려야 하는가? 영과 진리로 나와서 하나님 앞에 예배를 드려야 한다. 다시 말해서 성령의 인도하심을 받아 하나님께 나아와야 한다. 성령의 인도하심을 받는다는 것은 진리이신 예수님의 공로를 의지하여 하나님 아버지 앞에 나아온다는 말이다.

우리가 하나님 앞에 나아와 예배할 수 있는 것은 온전히 예수님의 공로에 의지한다.

히브리서 10장 19절로 20절이다.

'19 그러므로 형제들아 우리가 예수의 피를 힘입어 성소에 들어갈 담력을 얻었나니 20 그 길은 우리를 위하여 휘장 가운데로 열어 놓으신 새로운 살 길이요 휘장은 곧 그의 육체니라'

예수님의 십자가의 공로, 십자가 보혈의 공로를 의지할 때, 성령님께서 우리를 인도하신다. 성령으로 예배드리도록 이끌어주신다. 예수님의 공로를 의지하여 하나님 아버지 앞에 나와서 예배를 드릴 때 하나님 아버지께서 기쁘게 받으시고 성령의 불을 내려주신다.

이런 예배의 제단이 살아 있어야 한다. 하나님 앞에 예배드리러 올 때 구경하러 온다든지 가정의 평화를 위하여 온다든지 아무 생각없이 오면 안 된다. 그러면 예배의 제단이 무너진 것이다. 성령의 불이 절대 내리지 않는다. 뿐만 아니라 예배의 날에 오지 않는다면 어떻게 되는 것인가? 예배의 날을 무시하고 의미를 두지 않으면 무슨 일이 일어나는가? 아무 일도 일어나지 않는다. 성령의 불이 내리지 않는다. 성령님에 의하여 삶이 이끌려지지 않는다. 성령으로 살 수도 없고 성령으로 행할 수도 없다. 요즘 '가나안 교인' 이야기가 심심치 않게 오르내린다. 교회는 나오지 않는데 자칭 교인이란다. 안 나오는 이유와 원인은 모두 교회가 맘에 안 들고 목회자가 마음에 들지 않는단다. 아니다 하나님이 마음에 들지 않기 때문이다. 거룩한 주일에 하나님 앞에 나와서 예배를 드리지 않는 삶을 살고 있다면 그것은 '예배의 제단'이 허물어졌기 때문이다. 이런 분들이 있다면 속히 예배의 제단을 수리해야 한다. 마음에 들 때만 예배드리는 사람, 시간이 될 때만 예배드리는 사람은 예배의 제단이 무너진 사람들이다. 그런 사람들에게는 하늘에서 성령의 불이 내리지 않는다. 그런 신앙은 위기에 봉착한다.

둘째는 말씀의 제단이다.

말씀의 제단은 예배의 제단 뒤에 온다. 예배의 제단이 튼튼하면 나머지 제단도 바르게 자리를 잡게 된다. 디모데후서 3장 16절로 17절이다.

'16 모든 성경은 하나님의 감동으로 된 것으로 교훈과 책망과 바르게 함과 의로 교육하기에 유익하니 17 이는 하나님의 사람으로 온전하게 하며 모든 선한 일을 행할 능력을 갖추게 하려 함이라'

하나님이 우리에게 주신 성경은 하나님의 감동으로 기록되었다고 말씀한다. 하나님이 숨을 불어 넣으셨다는 말이다. 이 말은 하나님의 말씀을 기록할 때 성령님께서 주도적으로 역사하셨다는 말이다. 요한계시록 2장과 3장에 보면 소아시아 일곱 교회에 보내는 편지에서 성령이라는 말이 계속 반복된다. 요한계시록 2장 7절이다.

'귀 있는 자는 성령이 교회들에게 하시는 말씀을 들을지어다 이기는 그에게는 내가 하나님의 낙원에 있는 생명나무의 열매를 주어 먹게 하리라'

이 말씀을 보면 성령님께서 성경을 기록하셨을 뿐만 아니라 말씀의 주관자가 되심을 알 수 있다. 그러니까 하나님의 말씀을 바르게 대할 때, 역시 성령의 불이 내림을 알 수 있다.

말씀의 제단이 튼튼한 성도들이 많다. 주님 오실 때까지 말씀의 제단을 잘 세우고 지켜야 한다. 하나님의 말씀을 읽고 공부하고 암송하고 묵상하는 일을 성실하게 감당해야 한다. 말씀의 제단이 견고한 성도들의 특징은 날마다 성경을 읽는다. 또 제자 훈련이나 성경 공부하는 기회를 잘 활용한다. 필요한 암송구절을 날마다 암송하고 또 날마다 그것을 묵상한다. 다시 말해서 기록된 말씀, 약속된 말씀 그리고 선포된 말씀을 사랑한다. 말씀의 제단이 견고하다.

이런 성도들에게 하나님이 시편 1편 1절로 3절의 축복을 주신다.

'1 복 있는 사람은 악인들의 꾀를 따르지 아니하며 죄인들의 길에 서지 아니하며 오만한 자들의 자리에 앉지 아니하고 2 오직 여호와의 율법을 즐거워하여 그의 율법을 주야로 묵상하는도다 3 그는 시냇가에 심은 나무가 철을 따라 열매를 맺으며 그 잎사귀가 마르지 아니함 같으니 그가 하는 모든 일이 다 형통하리로다.'

말씀을 사랑하고 특히 하나님의 말씀을 주야로 묵상하는 성도들에게 하나님께서 축복하신다. 시냇가에 심은 나무가 철을 따라 열매를 맺으며 그 잎사귀가 마르지 않는 축복, 한 마디로 말하면 모든 일에 형통의 복을 허락하신다. 하늘에서 은혜의 불을 내려 주신다.

하지만 말씀의 제단이 무너져 내리게 되면 축복의 불이 내리지 않는다. 말씀의 제단이 무너져 내렸다면 수리해야 한다. 말씀의 제단이 허물어질 때 나타나는 증상들을 보면, 성경에 관심이 없다. 교회에 올 때에도 성경을 가져오지 않는다. 성경 말씀 어디에 무슨 내용이 있는지 도무지 관심이 없다. 성경을 읽고 공부하는 일 역시 큰 의미를 두지 않는다. 다른 일에는 관심이 있어도 하나님의 말씀에 관심이 없다. 축복의 말씀을 암송하고 날마다 묵상하는 일에도 역시 관심이 없다. 이런 상황이라면 말씀의 제단이 무너진 것이다. 다시 말씀의 제단을 쌓아야 한다. 그래야 성령의 불이 임한다.

하나님은 수축된 말씀의 제단을 통하여 하늘 문을 여시고 성령의 불을 내려 주신다. 말씀의 제단이 수축되지 않으면 하늘에서 축복의 불이 떨어지지 않는다. 믿음생활을 하면서 성령의 불이 없으면 인생이 지루하고 짜증이 난다. 그런 삶은 얼음같이 차가운 삶이다. 빛이 없는 암흑과 같은 삶이다. 말씀의 제단을 수축하여서 성령의 불을 체험하면서 살아가자.

셋째는 기도의 제단이다.

에베소서 6장 18절이다. **'모든 기도와 간구를 하되 항상 성령 안에서 기도하고 이를 위하여 깨어 구하기를 항상 힘쓰며 여러 성도를 위하여 구하라'**

또 유다서 1장 20절에도 같은 말씀이 나온다. **'사랑하는 자들아 너희는 너희의 지극히 거룩한 믿음 위에 자신을 세우며 성령으로 기도하며'**

성도가 기도할 때에 성령의 불을 받으려면 반드시 성령으로 기도해야 한다. 또 성령 안에서 기도해야 한다. 어떻게 기도하는 것이 성령으로 기도하는 것인가? 성령으로 기도하려면 반드시 조건이 있다. 아무나 성령으로 기도하지 못한다. 성령으로 기도하려면 성령으로 거듭나야 한다. 이것은 예배의 제단도 말씀의 제단도 마찬가지다. 하늘에서 성령의 불을 받으려면 반드시 성령으로 거듭나야 한다. 바로 예수님을 주님으로 영접해야 한다.

적지 않은 분들이 교회를 취미로 다닌다. 더 끔찍한 일은 이런 분들이 교회에서 직분을 받는 일이다. 성령으로 거듭나지 않았기 때문에 구원이 뭔지, 죄가 뭔지 전혀 모른다. 성경에서 죄라고 아무리 말해도 전혀 인정하지 않는다.

그러면 성령으로 기도한다, 성령 안에서 기도한다는 뜻이 무엇인가? 성령으로 기도한다는 말은 성령의 감동으로 기록된 하나님의 말씀을 의지하여 기도한다는 말이다. 즉 기도의 제단은 말씀의 제단과 연결되어 있다. 뿐만 아니라 성령으로 기도한다는 말은 예수님의 공로를 의지하여 기도한다는 말이기도 하다. 우리는 모든 기도를 '예수님의 이름'으로 마친다. 그리고 '아멘'한다. 이 말은 예수님의 공로를 의지하여 하나님께 기도한다는 말이다. 예수님은 우리가 하나님 아버지 앞에 기도할 수 있도록 모든 장애물을 해결해 주셨다.

예수님께서 요한복음 16장 24절을 말씀하신 이유다. **'지금까지는 너희가 내 이름으로 아무 것도 구하지 아니하였으나 구하라 그리하면 받으리니 너희 기쁨이 충만하리라'**

또 요한복음 15장 7절도 같은 맥락이다. **'너희가 내 안에 거하고 내 말이 너희 안에 거하면 무엇이든지 원하는 대로 구하라 그리하면 이루리라'**

따라서 기도의 제단이 튼튼한 사람의 특징은 언제나 기록된 말씀 약속된 말씀 그리고 선포된 말씀을 사용하여 기도한다. 또 예수님의 공로를 의지하여 하나님 아버지께 기도한다. 예수님이 나를 위하여 죽으시고 부활하신 진리를 의지하여 기도한다. 그 때 성령님께서 기도를 인도하신다. 하늘 문을 여시고 성령의 불을 내려주신다.

기도의 제단이 튼튼하면 기도의 자리에 나오는 기쁨이 있다. 개인적으로 하는 기도도 너무 소중하다. 새벽기도 금요기도 수요기도에 나오는 기쁨이 있다. 그러나 기도의 제단이 무너지면 기도의 자리가 부담으로 다가온다. 기도에 열심내는 것이 이해가 안 된다. 또 이해되기는 하지만 나하고는 별 상관이 없다.

기도의 제단을 튼튼히 하자. 기도의 제단에 내리는 성령의 불을 받자.

넷째는 봉사의 제단이다.

빌립보서 3장 3절이다.

'하나님의 성령으로 봉사하며 그리스도 예수로 자랑하고 육체를 신뢰하지 아니하는 우리가 곧 할례파라'

성도에게 왜 봉사가 필요한가? 육체의 건강을 위하여 필요한 것이 운동이다. 먹기만 하고 운동하지 않으면 건강에 이상이 온다. 그렇다. 운동이나 활동을 전혀 하지 않고 사는 사람들은 위험하다. 밥을 먹고 나면 활동을 하든지 운동을 하든지 해야 한다. 먹고 계속 누워 있어보라. 생명에 위험이 닥친다.

성도에게 봉사도 마찬가지다.

봉사는 섬긴다는 말이다. 누구를 섬기는가? 성도에게 봉사는 예수님을 섬기는 것이고 예수님의 몸 된 교회를 섬기는 것이다. 이 봉사는 세상의 봉사와 다르다.

그런데 이 봉사를 무엇으로 하라 하시는가? 그렇다. 성령으로 하라고 말씀하신다. 성령님의 인도하심으로 봉사하라고 하신다. 성도는 성령으로 거듭났기 때문에 성령님의 인도하심을 받고 살아간다. 그래서 하나님은 우리에게 성령을 따라 살라고 말씀하신다. 갈라디아서 5장 16절에, **'내가 이르노니 너희는 성령을 따라 행하라 그리하면 육체의 욕심을 이루지 아니하리라'**고 말씀하신다. 이 말은 성령님께서 우리의 삶 전반을 인도하시고 이끌어 주신다는 말이다.

그렇다. 성령님은 성령으로 거듭난 하나님의 백성들이 예수님께 봉사할 수 있도록 인도하신다. 그 마음에 소원을 주심으로 알려주신다. 이 봉사는 하나님의 교회 안에서 섬기는 일이다. 복음을 위하여 섬기고 예배를 위하여 섬기고 이 모양 저 모양으로 예수님과 예수님의 몸을 위하여 봉사한다. 이 때 하나님께서 하늘 문을 여시고 성령의 불을 내려주신다.

그러나 봉사의 제단이 무너진 사람들에게는 성령의 불이 내리지 않는다. 지금 성령의 음성에 귀를 기울여 보라. 성령님께서 어떤 소원을 주시고 어떤 봉사를 하도록 원하시는지를 들어보라. 그리고 무너진 봉사의 제단을 수축하라. 성도는 하나님의 교회에서 반드시 섬기고 봉사해야 한다. 왜냐하면 성령의 불이 봉사의 제단에 내리기 때문이다.

마지막 다섯째는 전도의 제단이다.

고린도전서 2장 4절로 5절이다.

'4 내 말과 내 전도함이 설득력 있는 지혜의 말로 하지 아니하고 다만 성령의 나타나심과 능력으로 하여 5 너희 믿음이 사람의 지혜에 있지 아니하고 다만 하나님의 능력에 있게 하려 하였노라'

십자가의 도인 복음을 전하는 것이 전도다. 그런데 이 전도 또한 우리의 열심만 가지고 되는 것이 아님을 말씀하고 있다. 바로 성령의 나타나심과 능력으로 하는 것이다. 성령의 나타나심과 능력으로 복음전도의 삶을 살고 있다면 우리는 전도의 제단이 튼튼한 것이다.

"왜 예수님의 도, 십자가의 도를 전해야 하는가?

영원한 생명을 전달하는 유일한 통로요 수단이기 때문이다. 예수님을 믿으면 영원한 생명의 축복이 임한다. 예수님을 믿으면 영원한 생명의 축복으로 영광을 누리기 시작한다. 예수님의 도는 십자가의 도다. 십자가의 도는 예수님의 죽음과 부활이 핵심이다. 그 죽음과 부활이 가지고 있는 의미를 전하는 것이다. 이것을 전할 수 있는 사람은 예수님의 죽음과 부활을 자신의 죽음과 부활로 믿는 사람이다. 이 진리를 믿을 때, 전할 때 영원한 생명의 역사가 일어난다. 성령의 불이 임한다.

고린도전서 1장 21절이다.

'하나님의 지혜에 있어서는 이 세상이 자기 지혜로 하나님을 알지 못하므로 하나님께서 전도의 미련한 것으로 믿는 자들을 구원하시기를 기뻐하셨도다.'

이 전도는 지혜롭지 않다고 하나님이 말씀하신다. 이 전도는 미련한 것이다. 왜냐하면 예수님의 죽음과 부활 이야기를 세상 사람들이 미련하다고 여기기 때문이다. 그러나 구원을 받는 성도들에게는 하나님의 능력이다. 예수님의 죽음은 세상 사람들에게 그 자체로 비호감이다. 예수님의 부활 이야기는 허무맹랑하다고 혹평한다. 그러다보니 예수님의 죽음과 부활을 전할 때 미련하다는 비난을 각오해야 한다. 그러나 이 미련한 전도를 통해서만 영원한 생명이 전달되고 전파된다.

그 뿐만이 아니다. 이 전도에 헌신하는 하나님의 백성들에게 하나님이 하늘 문을 여시고 성령의 불, 성령의 능력을 내려주신다고 말씀하신다. 고린도전서 1장 18절이다.

'십자가의 도가 멸망하는 자들에게는 미련한 것이요 구원을 받는 우리에게는 하나님의 능력이라' 십자가의 도를 전도를 통하여 전하는 사람들에게 하늘에서 내리는 능력, 불의 능력을 소유하고 또 사용하며 살 것을 말씀하신다.

그러나 전도의 제단이 허물어지면 이런 불의 축복을 누리지 못한다.

엘리야가 무너진 제단을 수축하고 있다. 그래야 그 제단에 하나님의 불이 내리기 때문이다. 하나님의 불은 하늘에서 내린다. 신약시대에 하나님이 하늘에서 내려 주시는 불은 성령의 불이다. 따라서 우리들도 성령의 불을 받기 위하여 성령의 제단이 온전해야 한다.

신약시대에 성령의 제단은 다섯 가지로 요약할 수 있다. 그것은 예배의 제단, 말씀의 제단, 기도의 제단, 봉사의 제단 그리고 전도의 제단이다. 다섯 가지로 요약한 것은 이것들을 통하여 성령님께서 불을 내려주시기 때문이다.

그러므로 우리는 이 다섯 가지 제단을 늘 점검하며 살아야 한다.

성령님께서 내려주시는 예배의 불이 있는가? 말씀의 불이 있는가? 기도의 불이 있는가? 봉사의 불이 있는가? 전도의 불이 있는가? 있다면 지금처럼 신앙생활을 하면 된다. 그러나 없다면 성령의 제단을 수축해야 한다. 고쳐야 한다.

어떻게 고칠 수 있는가?

사실 우리의 힘으로 고치는 것이 아니다. 우리는 위에서 예배의 제단, 말씀의 제단, 기도의 제단, 봉사의 제단, 전도의 제단을 말할 때 그 말씀과 관련된 성령님의 역할을 계속 살펴보았다. 그것은 성령님께서 그 제단들을 책임지고 고쳐주신다는 의미를 함께 담고 있다. 그러나 조건이 있다. 아무나 성령님께서 신앙의 제단을 고쳐주시지 않는다. 누구에게만 고쳐주시는가? 성령 충만을 사모하는 성도들에게 도와주신다(엡5:18). 그러면 성령 충만의 방법은 무엇인가? 성령을 달라고 기도할 때 하나님이 주신다(눅11:13). 말씀과 기도와 봉사의 제단과 관련 된 성령님의 역할을 말씀하실 때 사모하고 기도하며 아멘으로 화답해야 한다. 그 때 무너진 제단들을 성령께서 당신의 능력으로 고쳐주신다. 그리고 그 위에 성령의 불을 부어주신다. 할렐루야!

토의 문제

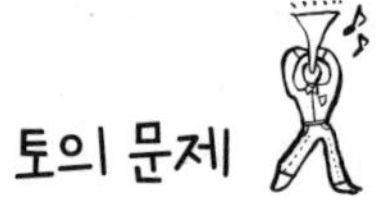

* 이스라엘의 심각한 문제는 '무너진 제단'에 있었다. 이스라엘의 무너진 제단에 대하여 나눠보라.

* 신약시대를 살아가는 우리에게도 제단이 있다.

그 제단은 다섯 가지로 요약할 수 있다. 바로 예배의 제단, 말씀의 제단, 기도의 제단, 봉사의 제단 그리고 전도의 제단이다. 이 제단들이 온전할 때 하늘에서 불이 내린다. 성령의 불이 내린다. 성도는 이 불을 받아야 살아갈 수 있는 사람들이다.

1. 요한복음 4장 23절로 24절을 중심으로, 나의 '예배의 제단'은 온전한지에 대하여 나눠보라.

'23 아버지께 참되게 예배하는 자들은 영과 진리로 예배할 때가 오나니 곧 이 때라 아버지께서는 자기에게 이렇게 예배하는 자들을 찾으시느니라 24 하나님은 영이시니 예배하는 자가 영과 진리로 예배할지니라.'

2. 디모데후서 3장 16절로 17절 중심으로, 나의 '말씀의 제단'이 온전한지에 대하여 나눠보라.

'16 모든 성경은 하나님의 감동으로 된 것으로 교훈과 책망과 바르게

함과 의로 교육하기에 유익하니 17 이는 하나님의 사람으로 온전하게 하며 모든 선한 일을 행할 능력을 갖추게 하려 함이라'

3. 에베소서 6장 18절, 유다서 1장 20절을 중심으로, 나의 '기도의 제단'이 온전한지에 대하여 나눠보라.

엡6:18, **'모든 기도와 간구를 하되 항상 성령 안에서 기도하고 이를 위하여 깨어 구하기를 항상 힘쓰며 여러 성도를 위하여 구하라'**

유1:20, **'사랑하는 자들아 너희는 너희의 지극히 거룩한 믿음 위에 자신을 세우며 성령으로 기도하며'**

4. 빌립보서 3장 3절을 중심으로, 나의 '봉사의 제단'이 온전한지에 대하여 나눠보라.

'하나님의 성령으로 봉사하며 그리스도 예수로 자랑하고 육체를 신뢰하지 아니하는 우리가 곧 할례파라'

5. 고린도전서 2장 4-5절을 중심으로 나의 '전도의 제단'이 온전한지에 대하여 나눠보라.

'4 내 말과 내 전도함이 설득력 있는 지혜의 말로 하지 아니하고 다만 성령의 나타나심과 능력으로 하여 5 너희 믿음이 사람의 지혜에 있지 아니하고 다만 하나님의 능력에 있게 하려 하였노라'

* 신약시대를 살아가는 성도들에게 '다섯 개의 제단'은 생명 그 자체다. 성령의 불과 관련되어 있기 때문이다.

중요한 것은 이 제단을 튼튼하게 유지하는 것이고 무너졌으면 수축하는 것이다. 유지 및 수축하는 비결에 대하여 서로 개인적 지혜를 종합적으로 나눠 보라.

기 도

1. 토의 내용을 통하여 하나님께 찬양하고 감사하며 고백하고 회개하라.

2. 토의 내용을 통하여 주신 기도제목을 가지고 간구하라.

갈멜산에 내리는 불

(왕상18:36-40)

엘리야는 하나님의 말씀대로 여호와의 전을 수축했다. 다시 쌓았다. 왜냐하면 여호와의 전이 무너져 내렸기 때문이다. 엘리야는 백성들이 볼 수 있도록 여호와의 전을 수축했다. 자기 마음대로 한 것이 아니라 하나님의 말씀대로 여호와의 전을 쌓았다. 여호와의 전이 수축되지 않으면 불이 내리지 않기 때문이다. 갈멜산에서 드리는 용서의 제사에 하나님께서 응답하지 않을 것이기에 여호와의 제단을 수축하고 있는 것이다.

그렇다. 예나 지금이나 하나님의 백성들에게는 하나님이 내려주시는 불이 필요하다. 이 불을 받아야 제대로 살아갈 수가 있다. 하나님이 주시는 축복의 원천이 바로 이 불이다. 이 불은 신앙부흥의 불이다. 이 불은 성령의 불로서, 하나님의 임재를 상징하고 우리 죄의 용서를 확증하고 우리의 인생길을 인도하시고 보호하시는 역할을 한다. 뿐만 아니라 이 불은 하나님의 심판을 상징하는 불이기도 하다.

모든 성도들에게 하늘로부터 내리는 불이 이렇게 중요할진데, 하나님께서 하늘에서 내려주시는 불을 받기 위해서는 우리 역시 여호와의 제단을 수축해야 한다. 만일 여호와의 제단이 바로 세워져 있지 않다면 하늘로부터 불이 떨어지지 않을 것이기 때문이다.

가장 중요한 것은 신앙생활을 하면서 불의 필요성을 인지하는 것이다. 수많은 성도들이 신앙생활을 하면서 불의 필요성을 알지 못한다. 이 불이 어떤 불이라 했는가?

바로 성령의 불이라 했다. 왜 그런가? 성경에서 하나님이 하늘로부터 내려주시는 모든 불의 기능이 무엇이었나? 하나님의 임재, 죄 용서의 확신, 우리 삶의 인도와 보호 그리고 심판이었다. 이 기능이 신약시대인 오늘, 누가 이 기능을 주관하시는가? 바로 성령님이시다. 그래서 성령의 불이라 하는 것이다.

성령의 불이 내리려면 성령의 제단이 바로 서 있어야 한다.

모두 다섯 가지를 언급했다. 예배의 제단, 말씀의 제단, 기도의 제단, 봉사의 제단, 전도의 제단이다. 왜 이 다섯 가지인가? 다섯 가지 모두 성령 하나님과 연관되어 있기 때문이다.

이 다섯 가지를 점검할 때 우리는 우리의 제단이 정상인지 아닌지를 알 수 있다. 하늘에서 하나님이 성령을 내려주실 때 이 제단들 위에 내려주시기 때문이다. 예배의 제단이 바로 서지 않으면 성령의 불이 내리지 않는다. 뒤집어 말하면 예배를 우습게 여기는 사람들은 예배 시간에 성령의 축복을 누리지 못한다는 말이다. 말씀의 제단도 마찬가지다. 성경을 사랑하고 말씀 암송 묵상을 사랑하고 설교말씀을 아멘으로 받는 사람들에게는 더더욱 넘치는 성령의 불이 임한다. 기도의 제단도 마찬가지다. 기도라는 말만 들어도 감사가 있고 기도를 사랑하는 사람들에게 하나님께서 성령의 불을 내리신다. 봉사도 성령으로 하라고 말씀하신다. 성령으로 하는 봉사는 축복의 원천이다. 이 모든 제단들의 특징이 무엇이었나? 억지가 아니라 자원함으로 감당한다. 기쁨으로 감당한다. 억지가 아니다. 그래서 예수님이 말씀하신 것처럼 있는 자는 더 받아 누리고 없는 자는 있는 것까지 빼앗기는 역사가 일어난다. 마지막 다섯 번째 제단이 무엇이었나? 바로 전도의 제단이었다. 전도도 성령과 연관되어 있다. 인간의 힘과 능력으로 하는 것이 전도가 아니다. 성령의 나타나심과 능력으로 하게 되어 있다. 따라서 전도의 제단이 바르게 세워져 있는 성도들에게 하늘에서 성령의 불이 내린다.

여호와여 응답하옵소서(왕상18:37)

드디어 갈멜산에 불이 내린다. 하나님께서 하늘 문을 여시고 불을 내려주신다. 여호와의 제단을 말씀대로 수축한 엘리야가 드디어 하나님 앞에 기도하기 시작한다.

열왕기상 18장 37절이다.

'37 여호와여 내게 응답 하옵소서 내게 응답 하옵소서 이 백성에게 주 여호와는 하나님이신 것과 주는 그들의 마음을 되돌이키심을 알게 하옵소서. 하매'

이 말씀을 보면 엘리야가 기도한 것이 몇 절에 기록되어 있는가? 바로 37절이다. 우리가 이 37절을 읽는데 몇 분이나 걸릴까? 아니 몇 초나 걸릴까? 10초 정도 걸릴 것 같다. 그 정도 기도했더니 하늘에서 곧장 불이 떨어졌다.

그러면 바알 선지자들은 얼마나 기도했는가? 그들은 거의 온 종일 기도하고 뛰고 난리를 쳤다. 그럼에도 불은 내리지 않았다. 이것이 하나님과 우상의 차이다. 극명하게 드러나는 하나님과 우상의 차이다. 우상은 응답할 수 없다. 하나님만이 응답하신다. 기도에 응답하시는 하나님이 우리의 하나님이시다. 그렇다면 엘리야 기도의 핵심이 무엇인가? 엘리야는 무엇을 위하여 하나님께 기도하고 있는가?

그것은 두 가지다.

첫째는 여호와가 하나님이신 것을 백성들이 알게 해 달라는 기도다.

왜 이런 기도를 드리는가? 인생의 모든 문제가 여기서 발생하기 때문이다. 여호와가 하나님이신 것을 믿으면 문제가 없다. 문제가 있어도 하나님께서 다 해결하신다. 우리 인생들에게 심각한 문제는 여호와가 하나님이 아니라 다른 것이 하나님이라 믿는 것이다. 본문의 이스라엘 백성들의 문제가 이것이었다. 여호와가 하나님이 아니라 바알이 하나님이라 믿고 살아왔다. 명색이 하나님의 백성이라는 사람들이 여호와 하나님을 하나님으로 섬긴 것이 아니라 우상 바알을 하나님으로 섬기며 살아온 것이다.

우리는 어떤가? 여호와만을 하나님으로 섬기고 살아가는가? 예수님만을 하나님으로 섬기고 살아가는가? 아니면 다른 하나님을 섬기면서 살아가고 있는가? 이 세상에는 하나님이 너무 많다. '하나님 투성이'다. 그런데 성경에는 오직 여호와 하나님, 삼위일체 하나님만이 진정한 하나님이심을 선포하고 있다. 그러므로 나머지는 다 가짜 하나님이다. 가짜 하나님 중에서 가장 맹위를 떨치고 있는 것이 '자칭 하나님들'이다. 자칭 하나님들의 특징이 무엇인가? 에덴동산에서 사탄이 아담과 하와를 타락시킬 때 이미 그 특징을 말한 바 있다. 그 특징은 바로 선악을 분별하는 것이다. 선악을 분별한다고 하니까 '좋은 의미'로 이해할 수 있다. 하나님이 금하신 선악과를 따먹게 될 때 선악을 알게 된다는 미끼를 사용하여 사탄이 아담과 하와를 유혹했다. 실제로 선악과를 먹고 보니 놀라운 일이 벌어졌다. 전에는 하나님의 선악 기준에 따라 살았다. 그래서 '절대 선'의 축복을 누리며 살았다. 그런데 선악과를 먹자마자 이상한 기능이 작동하기 시작했다. 사탄의 말이 정확히 맞아 떨어진 것이다. 아담과 하와는 매사에 선악을 알게 되었다. 어떤 일이 발생할 때마다 선과 악의 잣대를 가져다 댔다. 문제는 거기서부터 발생한 것이다. 단 하나밖에 없는 아내인 하와도 선악의 기준을 말하기 시작했다. 그런데 그 선악의 기준이 일치하지 않았다. 선악과를 먹기 전에는 하나님의 선악기준과 아담과 하와의 선악기준이 일치했다. 그러나 선악과를 따먹고 나니까 선악의 기준이 하나님의 기준과 다를 뿐만 아니리 남편과 아내의 기준도 달랐다. 이것이 혼돈의 역사의 시작이다.

오늘 이 시대를 보라. 세상이 왜 문제투성이인가? 간단하다. 선악의 기준이 다르기 때문이다. 부부간에도 다르다. 그러니 다른 사람은 말할 것도 없다. 동네와 동네 사이에도 다르다. 회사와 회사 사이에도 다르다. 국가와 국가 사이에도 다르다. 독도는 누구의 땅인가? 일본은 누구의 땅인가? 온 세계의 땅이 도대체 누구의 것인가?

법정에서 재판은 계속 할 경우 세 번까지 하게 되어 있다. 각각의 재판이 피고와 원고에게 완전한 만족을 주지 못하기 때문이다. 한국의 4대 강을 막은 사업이 옳은 사업인가? 사람마다 다르다. 정권마다 다르다. 선악의 기준이 다르다.

엘리야는 이스라엘 백성들의 심각한 문제가 여기에 있음을 간파하고 하나님께 중요한 기도를 하고 있다. '주 여호와께서 하나님이신 것'을 알게 해 달라고 말이다. 우리의 기도제목이 되어야 하지 않겠는가?

엘리야의 두 번째 기도 제목은 '주는 그들의 마음을 돌이키는 분이심을 알게 해 달라'는 것이다. 우리는 하나님 앞에 바른 믿음생활을 해야 한다. 성경에서 요구하는 삶을 살아야 한다. 그러나 우리의 현실을 보라. 허물투성이다. 말씀대로 살아야 하는데 넘어질 때도 있고 곁길로 갈 때도 있다.

만일 하나님이 우리가 죄를 지을 때나 곁길로 갈 때마다 징계하시고 매를 대신다면 우리가 과연 살아남을 수 있을까? 불가능하다. 전능하신 우리 하나님은 사랑의 하나님이시다. 사랑의 하나님은 노하기를 더디 하신다.

시편145편 8절이다. **'여호와는 은혜로우시며 긍휼이 많으시며 노하기를 더디 하시며 인자하심이 크시도다.'** 성경에서 한두 번 강조하는 것이 아니다. 하나님은 노하기를 더디 하신다.

본문의 백성들에게 하시는 하나님의 행동을 보라.

이쯤 되면 그냥 모두 심판을 하셔도 누가 뭐라 할 사람이 없다. 반역하고 패역하고 하나님의 이름에 먹칠하는 백성들에게 하나님은 참을 만큼 참으셨다. 그런데 하나님은 이스라엘 백성들에게 당신의 사랑을 포기하지 않으신다.

이것을 뭐라 하는가? 바로 은혜라 한다. 은혜의 특징이 무엇인가? 받을 자격이 없는 사람에게 호의를 베푸는 것이 은혜다. 하나님이 베풀어 주시는 호의가 무엇인가? 생명이다. 영원한 생명이다.

우리의 삶을 살펴보라. 하나님은 우리가 말씀 위에서 순종할 때 축복하신다. 믿음의 역사를 일으켜 주신다. 하나님과의 관계가 정상적일 때 살맛이 난다. 하지만 우리의 믿음생활이 그렇게만 지속된다면 얼마나 좋을까? 어느 순간에 나도 모르는 사이 흐트러진다. 믿음의 사람이었던 것이 언제였든가 할 정도로 무너져 내리기도 한다. 곁길로 가면서도 아예 문제의식을 가지지 않을 수도 있다. 본문의 백성들과 같이 된다. 엉뚱한 행동을 하면서도 하나님께 돌아올 줄을 모른다. 그 때 하나님의 심판이 임해야 정상이다. 하나님의 징계와 채찍이 와야 한다. 그런데 하나님의 징계가 오지 않고 오히려 하나님의 긍휼하심이 임한다. 본문의 백성들처럼 말이다. 심은 대로 거둬야 정상인데, 오히려 하나님의 인자하심의 역사가 찾아온다. 이것을 뭐라 부르는가? 그렇다. 이런 현상을 하나님의 은혜라 부른다. 성도가 하나님 앞에서 심은 대로 거두는 것은 하나님이 정해놓으신 법칙이다. 그러나 심은 대로만 거둔다면 이 자리에 앉아 있을 사람이 있을까? 그렇다면 우리 모두는 예전에 심판을 받았어야 한다. 그러나 하나님의 은혜가 임하면서 예수님이 주님이심을 알게 되고 강팍했던 마음이 변화되어 하나님의 사랑과 은혜를 깨닫게 된다. 회개하고 하나님께 돌아오게 된다.

갈멜산에 내리는 불(왕상18:38-40)

왕상18장 38절이다.

'이에 여호와의 불이 내려서 번제물과 나무와 돌과 흙을 태우고 또 도

랑의 물을 핥은지라'

드디어 하나님께서는 엘리야의 기도에 응답하셔서 불을 내리셨다. 그런데 이 불이 보통 불이 아니다. 번제물을 태웠고 번제물을 올려놓았던 나무도 태웠고 그 나무를 올려놨던 돌도 녹여버렸다. 아예 그 돌을 받쳐 놓았던 흙도 불에 탔다고 말씀한다. 보통 불이 아니라 강력한 불이 하늘에서 내린 것이다.

그리고 그 흙 사이에 만들어 놓은 도랑에 부었던 물도 모두 말려 버렸다. 불에 탄 순서가 의미 있지 않은가? 사람이 불을 붙여서 태웠다면 아래서부터 위로 타 올라가야 한다. 그러나 이 불은 위에서 내려왔기 때문에 위에서부터 모든 것을 태우고 있다. 더 놀라운 것은 그 불이 얼마나 극렬하든지 돌과 흙도 태웠다고 말씀하고 있다. 도대체 얼마나 열이 높았으면 돌과 흙을 태울 수 있을까?

그렇다면 엘리야가 기도하자마다 즉시 불이 떨어졌을 때, 이 모습을 본 백성들은 어떤 반응을 보였는가? 39절이다. **'모든 백성이 보고 엎드려 말하되 여호와 그는 하나님이시로다 여호와 그는 하나님이시로다 하니'**

너무 놀란 백성들은 감히 서 있을 수가 없었다. 갈멜산 제단 위에 나타난 하나님의 영광 앞에 무릎을 꿇었다. 무릎을 꿇고 하나님께 대한 신앙고백을 드리고 있다. **"여호와 그는 하나님이시로다, 여호와 그는 하나님이시로다"**라고 말이다.

이것은 중요한 현상이다. 하늘에서 내리는 불을 체험하게 될 때, 그 불을 보는 사람들은 하나님 앞에 제대로 서 있을 수가 없다. 하나님의 영광이 드러나는 현장에서 인간은 겸손히 무릎을 꿇을 수 밖에 없다. 왜냐하면 인간이 교만을 떠는 것은 하늘에서 내려주시는 불을 체험하지 못하기 때문이다. 하늘에서 내리는 불을 볼 때 인간은 인간의 자리로 돌아간다. 하나님이 내리시는 불을 보지 못하는 사람은 눈에 보이는 것이 없는 무례한 사람이 된다. '눈에 뵈는 게 없는 사람'이 된다. 그러면 우리 안에 있던 교만이 스멀거리며 올라온다. 목에 힘이 들어가고 스스로 뭔가 된 것처럼 행동한다. 가지고 있는 재산 몇 푼 때문에 우쭐 대며 우주의 중심이 하나님이 아니고 자신이라 착각하는 중병에 걸리게 된다.

이런 사람을 하나님이 보실 때 어떻게 반응하실까? 시편2편 1절로 4절이다.

'1 어찌하여 이방 나라들이 분노하며 민족들이 헛된 일을 꾸미는가 2 세상의 군왕들이 나서며 관원들이 서로 꾀하여 여호와와 그의 기름 부음 받은 자를 대적하며 3 우리가 그들의 맨 것을 끊고 그의 결박을 벗어 버리자 하는도다 4 하늘에 계신 이가 웃으심이여 주께서 그들을 비웃으시리로다.'

하나님이 웃으신다. 이 웃음은 하나님께서 기분 좋으셔서 웃는 웃음이 아니다. 어이가 없어서 웃으시는 것이다. 씁쓸한 웃음이다. 이런 것으로 하나님을 웃기면 안 된다.

하나님께서 우리의 겸손 때문에 기쁘게 웃으셔야 한다.

갈멜산 현장에 우리가 서 있었다고 생각해보자. 감격 그 자체였을 것이다. 그렇다면 그 자리에 있던 모든 사람이 다 감격하고 있었을까? 아니다. 지금 등에서 식은땀이 흘러내리고 있는 사람들이 있었다. 그 사람들이 누군가? 바로 바알의 선지자들이다. 엘리야는 즉시 백성들에게 명령을 내리고 있다. 열왕기상 18장 40절이다.

'엘리야가 그들에게 이르되 바알의 선지자를 잡되 그들 중 하나도 도망하지 못하게 하라 하매 곧 잡은지라 엘리야가 그들을 기손 시내로 내려다가 거기서 죽이니라.'

하나님의 심판을 엘리야가 대행하고 있다. 대행할 수 있는 근거가 무엇인가? 엘리야가 기도할 때 하늘로부터 심판의 불이 떨어졌기 때문이다.

여기 하나님께서 일하시는 방법이 나오고 있다. 전능하신 하나님이 일하시는 방법은 당신의 종들을 통해서 일하신다. 당신의 자녀들을 통해서 일하신다. 사실 하늘에서 내리는 불에 대하여 엘리야가 기여한 부분이 무엇인가? 하나님의 말씀에 따라서 기도한 것뿐이다. 하지만 그 기도에 대한 하나님의 응답은 상상을 초월하고 있다. 이것은 우리가 정신을 차리고 유념해야 할 진리다. 우리가 하나님 앞에서 믿음으로 살아갈 때의 모습을 잘 보여주기 때문이다. 우리가 기여하는 부분은 크지 않다. 그러나 성도가 하나님께 믿음으로 순종할 때 하나님이 일으키시는 역사는 놀라운 것이다.

이것을 아는 성도에게 하나님의 놀라운 축복이 임한다. 하나님이 일으키시는 위대한 믿음의 역사를 경험하게 하신다. 하지만 이것을 모르는 성도는 세월을 낭비하고 인생을 허비하게 된다. 단지 자신의 얼마 되지 않는 능력에 의지하여 근근이 살아갈 뿐이다.

엘리야는 이스라엘을 멸망의 길로 이끌었던 모든 바알 선지자들을 죽인다. 기손 시내로 데려다가 거기서 모두 죽인다. 악의 근원을 소멸시키는 것이다.

'아멘'의 제물(왕상18:33)

여기서 한 가지 더 분명하게 짚고 넘어가야 할 것이 있다. 그것은 우리의 삶 속에도 하나님께서 내리시는 불이 확실하게 임해야 한다는 사실이다. 하나님의 불이 제단에 임하기 위해서는 '여호와의 제단'을 수축하는 일이었다. 그렇다. 여호와의 제단을 수축할 때 분명하게 불이 임했다. 그러나 본문을 자세히 보면 제단만 수축해서 하나님의 불이 떨어진 것이 아니다. 제단을 쌓고 나서 엘리야가 무엇을 했는가?

구체적으로 두 가지를 추가했을 때 불이 떨어졌다.

첫째는 제단에 제물을 올려놓았다. 열왕기상 18장 33절이다.

'또 나무를 벌이고 송아지의 각을 떠서 나무 위에 놓고 이르되 통 넷에 물을 채워다가 번제물과 나무 위에 부으라 하고'

제단만 수축하고 제단에 송아지를 올려놓지 않았다면 불이 떨어질 수 없다. 엘리야는 수축된 제단 위에 송아지 제물을 올려놓았다. 그러니까 불이 제단에 떨어지기 위해서는 제단 위에 제물이 있어야 한다. 왜냐하면 제물이 없으면 불이 내리지 않기 때문이다. 이 제물이 무엇인가?

그 제물은 바로 우리 자신이다. 로마서 12장 1절이다.

'그러므로 형제들아 내가 하나님의 모든 자비하심으로 너희를 권하

노니 너희 몸을 하나님이 기뻐하시는 거룩한 산 제물로 드리라 이는 너희가 드릴 영적 예배니라'

우리 자신을 성령의 제단에 제물로 올려놓아야 한다. 성령의 제단에 우리 몸을 거룩한 산 제물로 올려놓는 방법이 무엇인가? 바로 제단과 관련된 하나님의 말씀에 언제나 '아멘'으로 화답하는 것이다. 예배의 제단에 아멘하는 것이다. 말씀의 제단에 기도의 제단에 봉사의 제단에 전도의 제단에 아멘 할 때 불이 임한다.

많은 성도들의 삶속에 성령의 불이 내리지 않는 이유가 무엇인가? 제단에 제물이 없기 때문이다. 즉 예배와 말씀과 기도와 봉사와 전도에 아멘이 없다는 말이다. 하나님의 말씀에 아멘으로 화답해 보라. 성령님께서 능력을 주신다. 헌신의 능력도 주시고 순종의 능력도 주신다.

아멘이 없으면 성령님께서 역사하시지 않는다. 그러면 결과적으로 제단에 태워야 할 제물이 없는 것과 같기 때문에 하나님의 불이 내리지 않는다. 구약시대를 보라. 그 어떤 제단에 제물이 없는데 불이 내린 적이 있는지를 말이다.

제단과 관련된 하나님의 말씀에 아멘으로 응답하지 않으면 성령의 불이 내리지 않는다. 그러나 제단과 관련된 말씀이 선포 될 때 아멘으로 화답하면 성령의 불이 임한다.

하나님은 계속해서 성령으로 살라 말씀하신다. 성령을 따라 행하라 말씀하신다. 어떻게 하는 것인가? 제단과 관련된 말씀에 아멘으로 화답하는 삶이다. 적지 않은 성도들이 이 말씀을 무시한다. 무시하면 어떻게 되는가? 성령의 불이 내리지 않는다. 그러면 자신의 힘만으로 살게 된다. 하나님은 예수님을 통하여 성령을 보내 주셨다. 보내주신 이유는 우리를 도와주시기 위함이다. 구원 받은 백성들답게 살게 하시려고 능력의 성령님을 우리에게 보내주셨다. 하나님의 상속자들답게 살게 하시려고 성령님을 보내주신 것이다.

그러므로 성도들은 반드시 성령님과 함께 살아야 한다. 성령님의 인도하심을 받으며 살아야 한다. 이것을 배우지 못하면 성도의 삶은 헛된 삶이다. 왜냐하면 변변치 않은 자신의 능력만을 신뢰하고 살아야 되기 때문이다.

성도가 성령으로 사는 것은 믿음으로 사는 것이다. 믿음이란 하나님의 말씀에 대하여 아멘 하는 것이다. 이 때 성령의 역사를 주신다. 불을 내려주신다. 이렇게 믿음으로 살지 않으면 하늘에서 성령의 불이 내리지 않는다. 왜냐하면 그것은 제단에 제물을 올려놓지 않은 것과 마찬가지이기 때문이다. 사도 바울은 성령으로 살지 않는 삶에 대하여 강력하게 경고한다.

갈라디아서 3장 1절로 3절이다.

'1 어리석도다 갈라디아 사람들아 예수 그리스도께서 십자가에 못 박히신 것이 너희 눈 앞에 밝히 보이거늘 누가 너희를 꾀더냐 2 내가 너희에게서 다만 이것을 알려 하노니 너희가 성령을 받은 것이 율법의 행위로나 혹은 듣고 믿음으로냐 3 너희가 이같이 어리석으냐 성령으로 시작하였다가 이제는 육체로 마치겠느냐'

갈라디아 교회 성도들의 치명적인 문제가 무엇이었나? 성령으로 시작하였다가 육체로 마치려 하고 있었다. 이 시대 성도들의 치명적인 문제가 무엇인가? 마찬가지다. 성령으로 시작하였다가 육체로 마치려 한다. 예수님을 처음 믿을 때 예수님을 믿음으로 성령의 불을 받았다. 성령의 인도하심 가운데 살기 시작했다. 그런데 언제부터인가 성령님을 의지하지 않고 자신의 힘을 의지하고 세상의 힘을 의지하면서 살기 시작하는 것이다.

이렇게 성령으로 시작하였다가 육체로 마치는 사람들에게 하나님이 어떻게 경고하시는가?

히브리서 4장 1절로 2절이다.

'1 그러므로 우리는 두려워할지니 그의 안식에 들어갈 약속이 남아 있을지라도 너희 중에는 혹 이르지 못할 자가 있을까 함이라 2 그들과 같이 우리도 복음 전함을 받은 자이나 들은 바 그 말씀이 그들에게 유익하지 못한 것은 듣는 자가 믿음과 결부시키지 아니함이라.'

이게 무슨 말씀인가? 신앙생활을 시작할 때는 성령으로 시작하였다가 아멘으로 시작하였다가 시간이 흐르면서 다시 육체로 돌아갔다는 말이다. 성령을 의지하지 않고 성령의 능력을 의지하지 않고 자신의 능력을 의지하는 삶으로 돌아갔다는 말이다.

그렇게 되면 두려워해야 한다고 말씀한다. 하나님의 안식에 들어갈 약속이 남아 있을지라도 미치지 못할 사람들이 있을 수 있다고 성경은 경고한다. 하나님의 말씀에 우리의 믿음을 결부시키지 않았기 때문이라고 말씀한다.

수많은 사람들이 하나님의 말씀을 듣기는 하는데 아멘하지 않는다. 제단에 제물을 올려놓지 않는다. 하나님의 말씀에 아멘으로 화답하는 신앙생활을 하지 않는다. 하나님의 말씀에 대하여 아멘으로 화답하는 것은 성령의 능력을 덧입는 유일한 방법이다.

신명기 27장 15절로 26절에는 아멘에 대한 놀라운 말씀이 나온다.

**'15 장색의 손으로 조각하였거나 부어 만든 우상은 여호와께 가증하
니 그것을 만들어 은밀히 세우는 자는 저주를 받을 것이라 할 것이요 모
든 백성은 응답하여 말하되 아멘 할지니라 16 그의 부모를 경홀히 여기
는 자는 저주를 받을 것이라 할 것이요 모든 백성은 아멘 할지니라 17
그의 이웃의 경계표를 옮기는 자는 저주를 받을 것이라 할 것이요 모든
백성은 아멘 할지니라 18 맹인에게 길을 잃게 하는 자는 저주를 받을 것
이라 할 것이요 모든 백성은 아멘 할지니라 19 객이나 고아나 과부의
송사를 억울하게 하는 자는 저주를 받을 것이라 할 것이요 모든 백성은
아멘 할지니라 20 그의 아버지의 아내와 동침하는 자는 그의 아버지의
하체를 드러냈으니 저주를 받을 것이라 할 것이요 모든 백성은 아멘 할
지니라 21 짐승과 교합하는 모든 자는 저주를 받을 것이라 할 것이요
모든 백성은 아멘 할지니라 22 그의 자매 곧 그의 아버지의 딸이나 어
머니의 딸과 동침하는 자는 저주를 받을 것이라 할 것이요 모든 백성은
아멘 할지니라 23 장모와 동침하는 자는 저주를 받을 것이라 할 것이요
모든 백성은 아멘 할지니라 24 그의 이웃을 암살하는 자는 저주를 받을
것이라 할 것이요 모든 백성은 아멘 할지니라 25 무죄한 자를 죽이려고
뇌물을 받는 자는 저주를 받을 것이라 할 것이요 모든 백성은 아멘 할지
니라 26 이 율법의 말씀을 실행하지 아니하는 자는 저주를 받을 것이라
할 것이요 모든 백성은 아멘 할지니라.'**

열 두 구절에 모두 12번의 아멘이 나온다. 하나님께서 아멘을 하라고

명령하신다. 이유가 무엇인가? 전체 내용은 십계명과 관련되어 있다. 이 율법의 말씀을 지켜 순종할 것을 응답하라는 말씀이다. 실제로 이스라엘 백성들이 홍할 때에는 이 말씀에 아멘을 했다. 그러나 망할 때에는 아멘 하지 않았다.

하나님이 백성들에게 아멘을 하라는 이유가 무엇인가? 바로 아멘을 하는 백성들에게, 아멘 할 때마다 그 아멘 한 것에 대하여 감당할 수 있는 능력을 하나님이 주시겠다는 의미다.

신명기 27장 다음에 몇 장이 나오는가? 28장이다. 우리가 잘 아는 축복과 저주의 장이다. 이스라엘 백성들이 하나님 앞에서 축복을 받고 살 때의 특징은 다름 아닌, 하나님의 말씀에 대하여 아멘이 풍성할 때였다. 아멘을 하려면 어떻게 해야 하는가? 하나님의 말씀이 선포되는 곳에 있어야 한다. 그래야 듣고 아멘을 할 것 아닌가? 그 선포되는 말씀에 대하여 아멘을 할 때 하나님의 능력이 임한다. 그 말씀에 순종할 수 있는 능력을 주신다.

신명기 28장의 내용을 보면 저주의 내용을 기록한 부분이 훨씬 많다. 축복의 내용 두 배 이상이다. 이스라엘의 역사가 어떻게 되었는지 우리는 안다.

그들은 하나님의 말씀에 계속적으로 아멘을 하지 않았다.

성도는 하나님의 말씀에 아멘을 해야 한다. 아멘은 제단에 올려 진 제물 역할을 한다. 제단과 관련된 말씀이 선포될 때마다 아멘 하는 것이 제물을 제단 위에 올려놓는 것이다. 그 아멘 위에 불이 내린다. 능력의 불이다. 성령의 불이다. 다른 방법은 없다.

열왕기상 18장 33절에서 다시 눈 여겨 봐야 할 말씀이 있다. 바로 제물에 대한 것인데 **'제물을 올려놓되 각을 떠서 제단에 올려놨다'**는 말씀이다. 제물을 가지고 각을 뜬다는 말이 무슨 뜻인가? 각 부위별로 송아지를 자르는, 다시 말해서 완전히 죽이는 것이다. 하나님 보시기에 제물은 완전히 죽어야 한다. 이것은 우리가 하나님의 말씀을 듣고 아멘으로 화답할 때 온전한 마음으로 아멘을 하라는 의미다. 예수님께서 **'누구든지 나를 따라 오려거든 자기 십자가를 지고 나를 따를 것이니라.'**고 하셨다.

우리의 심성 속에 뿌리깊이 자리 잡고 있는 죄악의 속성이 있다. 그 죄성은 우리의 원수다. 우리의 대적이다. 우리 안에 있는 이 죄악의 성품은 우리가 하나님의 말씀에 온전히 아멘하는 것을 방해한다. 내 생각과 다를 때 아멘을 망설인다. 그런 죄악된 성품에 대하여 우리는 각을 떠야 한다. 그 죄악된 성품을 십자가에 넘기고 하나님의 말씀에 온전한 마음으로 아멘 해야 한다. 그 때 성령의 불이 임한다. 성령님께서 그 말씀에 순종할 능력을 주시고 그 말씀이 우리의 삶에서 성취되는 영광을 누리게 하신다.

사도 바울은 이런 삶을 이해했다. 그래서 바울은 고린도전서 15장 31절에서 **'나는 날마다 죽노라'**라고 말했다. 우리는 날마다 죽어야 한다.

날마다 예배의 제단을 쌓으라는 말씀에 온전히 아멘해야 한다.

날마다 말씀의 제단을 쌓으라는 말씀에 온전히 아멘해야 한다.

날마다 기도의 제단을 쌓으라는 말씀에 온전히 아멘해야 한다.

날마다 봉사의 제단을 쌓으라는 말씀에 온전히 아멘해야 한다.

날마다 전도의 제단을 쌓으라는 말씀에 온전히 아멘해야 한다.

엘리야가 제단을 수축하고 제물을 올려놓은 다음에 불을 내리도록 하는 두 번째 행동이 무엇인가? 바로 기도다. 엘리야는 하나님께 기도했다.

열왕기상 18장 37절로 38절을 다시 보자.

'37 여호와여 내게 응답하옵소서 내게 응답하옵소서 이 백성에게 주 여호와는 하나님이신 것과 주는 그들의 마음을 되돌이키심을 알게 하옵소서 하매 38 이에 여호와의 불이 내려서 번제물과 나무와 돌과 흙을 태우고 또 도랑의 물을 핥은지라'

만일 제단을 수축하고 제물의 각을 떠서 놓기만 하고 기도하지 않았다면 어떻게 되었을까? 불이 내리지 않았을 것이다. 예수님을 믿는 하나님의 백성들에게 있어서 왜 기도가 필요한 것인가? 제단을 쌓고 온전한 제물을 올려놓고는 불을 내려달라고 하나님께 기도해야 하기 때문이다. 특별히 누가복음 11장 13절의 말씀대로 '성령을 달라고 기도하는 것'이 필요하다. 성도들에게 기도는 생명이요 호흡인 이유가 이것이다.

쉬지 말고 기도해야 할 제목이 이것이다. 성령의 불을 내려 달라고 기도해야 한다. 그래서 언제나 성령 충만의 상태가 되게 해 달라고 하나님께 간구해야 한다.

성령님이 내려주시는 불은 성령님의 임재의 불이다. 죄 용서의 축복을 누리게 하시는 불이다. 우리의 삶을 인도하시고 보호하시고 공급하시는 불이다. 물론 말씀을 거역하고 살아가는 사람들에게는 심판의 불을 내리신다.

이런 심판의 불을 제외하고 성도는 성령님이 내려주시는 은혜의 불, 축복의 불을 받고 살아야 한다. 그 성령의 불을 받기 위해서는 여호와의 제단을 수축해야 한다.

성령님과 함께 예배하고 성령님과 함께 말씀보고 성령님과 함께 기도하고 성령님과 함께 봉사하고 성령님과 전도할 때 성령의 불이 임한다.

무너진 제단이 수축되었으면 그 제단 위에 반드시 제물을 올려놓아야 한다. 또 올려놓을 때는 반드시 각을 떠야 한다. 즉 완전히 제물을 죽여야 한다. 바로 하나님의 선포되는 말씀에 아멘을 하는 것이다. 아멘은 쉽지 않다. 각을 떠야 하는데 온전히 죽어야 하는데, 제물이 벌떡 벌떡 일어선다. 하나님의 말씀이 자기의 생각과 다르다고 아멘을 하지 않는다. 그러면 성령의 불은 없다. 그에 비하여 믿음의 성도들은 각을 뜬 아멘을 한다.

이렇게 제사의 준비가 다 된 사람들만이 불을 내려달라고 기도한다. 기도하라고 하지 않아도 기도한다. 왜냐하면 기도의 기쁨을 알기 때문이다. 기도 할 때 성령의 불을 내려주시기 때문이다.

그러나 성령의 불을 내려 달라고 기도하지 않는 사람들에게는 나름의 사정이 있다. 어떤 사정이 있는가? 제사 드릴 준비가 되지 않은 것이다. 제단이 무너져 있다. 그러다 보니 제물은 언감생심이다. 제물의 각을 뜨지 않아서 하나님의 말씀과 사사건건 부딪친다. 그러다보니 성령의 불을 내려달라고 기도하지 않는다. 기도의 기쁨이니 영광이니 하는 말을 이해할 수도 없다. 기도에 대한 사모함도 없다. 오히려 기도가 부담으로 다가온다. 성령의 불의 영광을 모른다. 기도하기 위하여 새벽을 깨우자고 해도 그 말이 귀에 들어오지 않는다. 금요 기도에 열심을 내자고 해도 마찬가지다. 그러나 제단을 수축하고 제물의 각을 떠서 제단에 올려놓은 성도들은 기도시간을 기다린다. 기도를 즐기고 사모한다. 왜냐하면 성령의 불이 임하기 때문이다.

갈멜산의 불의 기적은 우리의 삶 속에서도 이루어진다. 성령의 불이 없는 신앙생활 하지 말기를 바란다. 성도에게 그것은 비극이고 안타까운 일이고 불행한 일이다.

날마다 하나님께서 내려주시는 성령의 불을 받아 활활 타오르는 신앙생활을 하시는 분들이 되기를 바란다.

토의 문제 

1. 성도는 하늘에서 내리는 불이 필요하다. 성령의 불과 관련 된 5가지의 제단에 대하여 나눠보라. 이 제단들은 모두 성령님과 관련되어 있다.

- 예배의 제단, 말씀의 제단, 기도의 제단, 봉사의 제단 그리고 전도의 제단.

2. 열왕기상 18장 37절에, **'여호와여 내게 응답하옵소서 내게 응답하옵소서 이 백성에게 주 여호와는 하나님이신 것과 주는 그들의 마음을 되돌이키심을 알게 하옵소서 하매'**

엘리야의 기도의 핵심이 두 가지다. 각각의 의미에 대하여 나눠보라.

3. 성령의 불을 경험하기 위해서는 무너진 제단을 수축해야 한다는 사실을 이미 언급했다. 왕상18장 33절, 37절로 38절을 근거로 추가적인 두 가지 조건에 대하여 나눠보라.

'33 또 나무를 벌이고 송아지의 각을 떠서 나무 위에 놓고 이르되 통 넷에 물을 채워다가 번제물과 나무 위에 부으라 하고'

열왕기상 18장 37절로 38절을 다시 보자.

'37 여호와여 내게 응답하옵소서 내게 응답하옵소서 이 백성에게 주 여호와는 하나님이신 것과 주는 그들의 마음을 되돌이키심을 알게 하옵소서 하매 38 이에 여호와의 불이 내려서 번제물과 나무와 돌과 흙을 태우고 또 도랑의 물을 핥은지라'

4. 신명기 27장 15-26절은 각을 뜬 제물의 진리를 이해하는데 도움을 준다.

제단과 관련 된 말씀이 선포될 때 우리가 어떻게 '각 뜬 제물'이 될 수 있는지를 나눠보라.

기 도

1. 토의 내용을 통하여 하나님께 찬양하고 감사하며 고백하고 회개하라.

2. 토의 내용을 통하여 주신 기도제목을 가지고 간구하라.

나오며

성도는 삼위일체가 되시는 하나님과 '삼동'하는 사람들이다.

즉 하나님과 동거하고 동행하며 동역하는 사람들이다.

하나님과의 삼동은 구원을 나타내는 말이다.

죄와 사탄과 세상에서 구원받는다는 사실은 기독교 신앙의 핵심이다. 하지만 죄와 사탄과 세상에서 구원받는다는 말은 상당히 추상적이다.

추상적인 구원이 하나님과의 삼동을 통하여 구체적이 된다.

엘리야의 신앙은 구원의 신앙이다.

즉 하나님과 동거하고 동행하고 동역하는 신앙이다.

머릿속에만 머무는 구원이 세상에 어떻게 펼쳐지는가를 엘리야가 보여주었다.

그렇다.

살아 계시는 하나님과 멋지게 동거하는 엘리야를 보았다.

그릿 시내 골짜기에서도 하나님과 신바람 나게 동행하는 엘리야를 보았다.

갈멜산에서 능력의 하나님과 동역하는 엘리야도 보았다.

이 책을 읽는 분들마다 성령님과 함께 삼동하는 복이 임하기를 !

샬롬 마라나타 !!!

터하우스(Peter House)는
1세기 토탈(Totar) 문서선교의 대명사입니다.
베드로서원은 문서라는 도구로 한국교회가 복음의 본질을 회복하고
선교적교회로 나아가는데 기여하고자 최선을 다하고자 합니다.

터하우스(베드로서원)의 사역원리

astoral Ministry(목회적인 사역)
ducational Ministry(교육적인 사역)
echnological Ministry(과학적인 사역)
vangelical Ministry(복음적인 사역)
evival Ministry(부흥적인 사역)

리야의 은 나팔 1

판 1쇄 발행일 2019년 08월 31일

은이 : 김호성
낸이 : 방주석
낸곳 : 베드로서원
소 : 경기도 고양시 일산동구 고봉로 776-92
화 : 031)976-8970
스 : 031)976-8971
메일 : peterhouse@daum.net
록 : 2010년 1월 18일 / 창립일 : 1988년 6월 3일

BN : 978-89-7419-381-2 03230
책값은 뒷표지에있습니다.